Anselm Grün

Vertraue dem Leben

Anselm Grün

Vertraue dem Leben

VIER TÜRME

Inhalt

Vertrauen ins Leben finden

Wir leben in einer Zeit, in der uns die Nachrichten, die täglich auf uns einstürmen, verunsichern und Angst machen – Angst vor Krieg, vor Vertreibung, vor Armut, vor Katastrophen, Angst vor unserer eigenen und der Zukunft unserer Welt. Manchmal werden wir dabei fast von unseren Sorgen überrollt und wir wissen nicht mehr, wie wir damit umgehen, wie wir weiter unser Leben sinnvoll gestalten sollen. Darüber verlieren wir beinahe unsere Lebensfreude.

Meinungsumfragen, wie sie Forschungsinstitute oder Zeitungen durchführen, zeigen uns, dass das Vertrauen der Menschen in die Zukunft stark gesunken ist. Viele spüren auch, dass ihr Vertrauen in ihre Gesundheit durch die Pandemie gesunken ist und ihre Zukunft verdunkelt hat. Der Klimawandel macht vielen Menschen Angst. Sie haben das Vertrauen in die Erde und ihre Fruchtbarkeit verloren. Und der Kriegsbeginn in der Ukraine hat unser Vertrauen in eine friedliche Welt zutiefst erschüttert. Wir spüren schmerzlich, dass wir abhängig sind von äußeren Faktoren, die wir nicht beeinflussen können. Von außen her kann eine Katastrophe, kann ein Krieg über uns hereinbrechen und uns das Gefühl von Ohnmacht vermitteln. Sie lähmt uns und raubt uns die Freude am Leben. Denn Selbstbestimmung ist eine wichtige Grundlage für ein erfülltes Leben. Doch wir spüren, dass wir immer weniger wirklich selbst bestimmen können.

In diesem Buch möchte ich die Perspektive wechseln und nicht auf das schauen, was schwierig und vielleicht unlösbar ist, sondern welche Ressourcen wir haben, auf die wir zurückgreifen können und die uns wieder ins Gleichgewicht bringen. Denn jeder hat schon einmal schwierige Zeiten erlebt und durchlebt und sie gemeistert. Jeder hat Stärken, Fähigkeiten, mit denen er etwas zum Guten hin ändern kann. Man muss sie nur immer wieder neu entdecken. Zu diesem Perspektivenwechsel gehört, dass wir nicht nur auf all das schauen, was schlecht ist oder falsch läuft, sondern den Blick auch auf das richten, was an Gutem geschieht und wo sich die Welt positiv verändert, wo es auch gute Nachrichten zu verkünden gibt.

Wie ein Perspektivenwechsel selbst in schwierigen Zeiten gelingen kann, zeigt uns das Beispiel des römischen Sklaven Publius Syrus. Er stammte aus Syrien und wurde im ersten Jahrhundert vor Christus als Sklave nach

Rom verschleppt. Aufgrund seiner Intelligenz und seines Witzes ließ man ihn frei und er schrieb in der Folgezeit zahlreiche Theaterschwänke. Bekannt wurden vor allem seine kurzen Sinnsprüche, die Eingang in die Schulen humanistischer Bildung gefunden haben. In seinen Sinnsprüchen ist immer wieder vom Vertrauen die Rede, zum Beispiel: »Wer Vertrauen verliert, kann nicht noch mehr verlieren.«

Offensichtlich hat Publius Syrus als Sklave erfahren, dass der, der das Vertrauen in sich selbst und in das Leben verloren hat, nichts mehr hat, an dem er sich festhalten kann. Er hat sich letztlich selbst aufgegeben. Und nur der, der das Vertrauen nicht aufgibt, vermag auch Vertrauen bei den Menschen zu finden und sich so aus seiner misslichen Situation zu befreien. In den beiden anderen Sprüchen, die um das Vertrauen kreisen, kommt diese Erfahrung ebenfalls zum Ausdruck: »Wer Vertrauen verliert, womit soll der sich sonst noch retten?« Und: »Vertrauen ist meist für immer hin, wenn es dich einmal verlassen hat.«

Publius Syrus drückt mit seinen Sinnsprüchen seine eigene Erfahrung aus. Als Sklave hätte er keine Chance gehabt, aus seinem Leben etwas zu machen, wenn er nicht am Vertrauen in seine eigenen Fähigkeiten festgehalten hätte. Doch die Sinnsprüche zeigen noch keinen Weg, wie wir solches Vertrauen finden sollen. Sie beschreiben nur, wie wichtig es ist, es nicht aufzugeben. Nur wenn wir die Worte des Publius Syrus auf dem Hintergrund seines eigenen Lebens lesen, können wir darin einen Weg erkennen, wie wir am Vertrauen festhalten können, selbst wenn die äußere Situation aussichtslos erscheint.

Als Sklave hatte man in Rom keinerlei Rechte. Man war der Willkür seines Herrn ausgeliefert. Das Schicksal dieses freigelassenen römischen Sklaven zeigt uns: Selbst wenn die äußere Situation noch so bedrückend ist und es kaum Aussicht auf Änderung zu geben scheint, so ist es doch wichtig, am Vertrauen festzuhalten. In uns ist eine Ahnung, was es heißt, vertrauen zu können. In jedem von uns steckt die Fähigkeit zu vertrauen. Diese Fähigkeit ist oft genug überdeckt von anderen Erfahrungen und Gefühlen. Doch der Blick auf diesen Sklaven, der sich selbst nicht aufgegeben hat, will auch uns einladen, nach innen zu schauen und den Grund zu entdecken, auf den wir bauen können.

Publius Syrus begründet das Vertrauen rein philosophisch – wir Christen begründen es theologisch. Für uns ist Gott der Grund unseres Vertrauens. Dabei zielt es nicht immer auf Gott als dem Du, als dem Vater, als der Mutter, der ich traue. Wir sprechen in diesem Zusammenhang auch von einem unbedingten Vertrauen, das wir Christen Glauben nennen. Es äußert sich als ein umfassendes Vertrauen ins Leben. Ohne das können wir uns gar nicht auf die Straße wagen. Denn es könnte immer etwas passieren. Sobald wir aus dem Haus gehen, haben wir die Situation nicht mehr im Griff. Aber auch im Haus selbst könnten wir ausrutschen und stolpern, uns ein Bein oder den Hals brechen. Wenn wir ängstlich auf all die negativen Möglichkeiten starren, die Wirklichkeit werden könnten, dann machen wir uns das Leben schwer. Daher brauchen wir schon für das alltägliche Leben ein Grundvertrauen, ohne dass wir den Alltag nicht schaffen. Dieses allgemeine Grundvertrauen verweist uns letztlich auf Gott als dessen Grund. Der Theologe Gerd Theissen meint von diesem Grundvertrauen, das letztlich in Gott seinen Grund hat: »In Krisen wirkt religiöses Vertrauen wie Selbstvertrauen, nur dass der Mensch in ihnen außerhalb seiner selbst einen unbedingten Halt sucht. Vertrauen in allen Formen ist auf jeden Fall eine der Grundlagen der Religion, sofern sich das Vertrauen nicht nur auf dieses oder jenes in der Welt, sondern auf die ganze Wirklichkeit richtet« (Theissen 12).

Doch das Vertrauen in das Leben gründet nicht nur in unserem Vertrauen auf Gott. Es gründet auch auf den Erfahrungen, die wir als Kind gemacht haben. Dabei gibt es zwei Arten: das Vertrauen, in dieser Welt willkommen zu sein, getragen und geliebt zu sein. Man könnte es das mütterliche Vertrauen nennen. Die Mutter vermittelt dem Kind das Urvertrauen, dass es sich getragen fühlt. Der Vater vermittelt eine andere Art von Vertrauen, nämlich etwas zu wagen, in die Welt hinauszugehen, die Welt zu erkunden. Natürlich haben viele Mütter auch väterliche Züge und viele Väter auch mütterliche Züge. Aber grundsätzlich kann man von mütterlicher und väterlicher Energie sprechen, die beide nötig sind, dass wir Vertrauen lernen: in die Welt, in der wir geborgen sind, und in die Welt hinauszugehen und sie zu gestalten.

Ein Beispiel aus der neueren Zeit zeigt uns, wie wir auch heute noch Vertrauen lernen können. Albert Schweitzer, ursprünglich evangelischer Theologe und begnadeter Organist, wollte Menschen helfen, die vergessen am Rand der Gesellschaft leben und für die niemand Sorge tragen wollte. So ging er in das zentralafrikanische Gabun und gründete dort in Lambarene ein Krankenhaus. Schweitzer spricht von der »Ehrfurcht vor dem Leben«. Seine ganze Philosophie gründet auf einer vertieften Weltbejahung. Von ihm stammt der Satz: »Leben erhalten ist das einzige Glück.« Die Ehrfurcht vor dem Leben führt auch zum Vertrauen ins Leben. Schweitzer geht davon aus, dass wir jeder Form von Leben, also auch den Pflanzen und Tieren, Ehrfurcht entgegenbringen müssen. Ehrfurcht meint Bejahung des Lebens in all seinen Facetten. Unser menschliches Sein ist »Wille zum Leben inmitten vom Willen zum Leben«. Das positive Menschenbild Schweitzers könnte gerade heute angesichts der ökologischen Katastrophe unser Vertrauen in die Kräfte der Natur stärken, aber auch das Vertrauen in uns selbst, in das Leben, das Gott uns geschenkt hat. Der amerikanische Neuropsychologe George Eman Vaillant nennt die Ehrfurcht »die spirituellste aller positiven Emotionen« (Bucher 115). Sie schafft Verbundenheit mit etwas Größerem als mit dem Alltäglichen, in dem wir oft untergehen. Und sie fördert das Vertrauen in die Menschen und ein soziales Verhalten ihnen gegenüber.

So möchte ich in diesem Buch verschiedene Wege aufzeigen, wie wir trotz aller Krisen und Gefährdungen Vertrauen ins Leben gewinnen können. Dabei geht es mir nicht um die großen Lösungen, sondern um die kleinen Schritte, die wir gehen können, um unser Leben so zu gestalten, dass wir mitten in dieser gefährdeten und unsicheren Welt vertrauensvoll leben können.

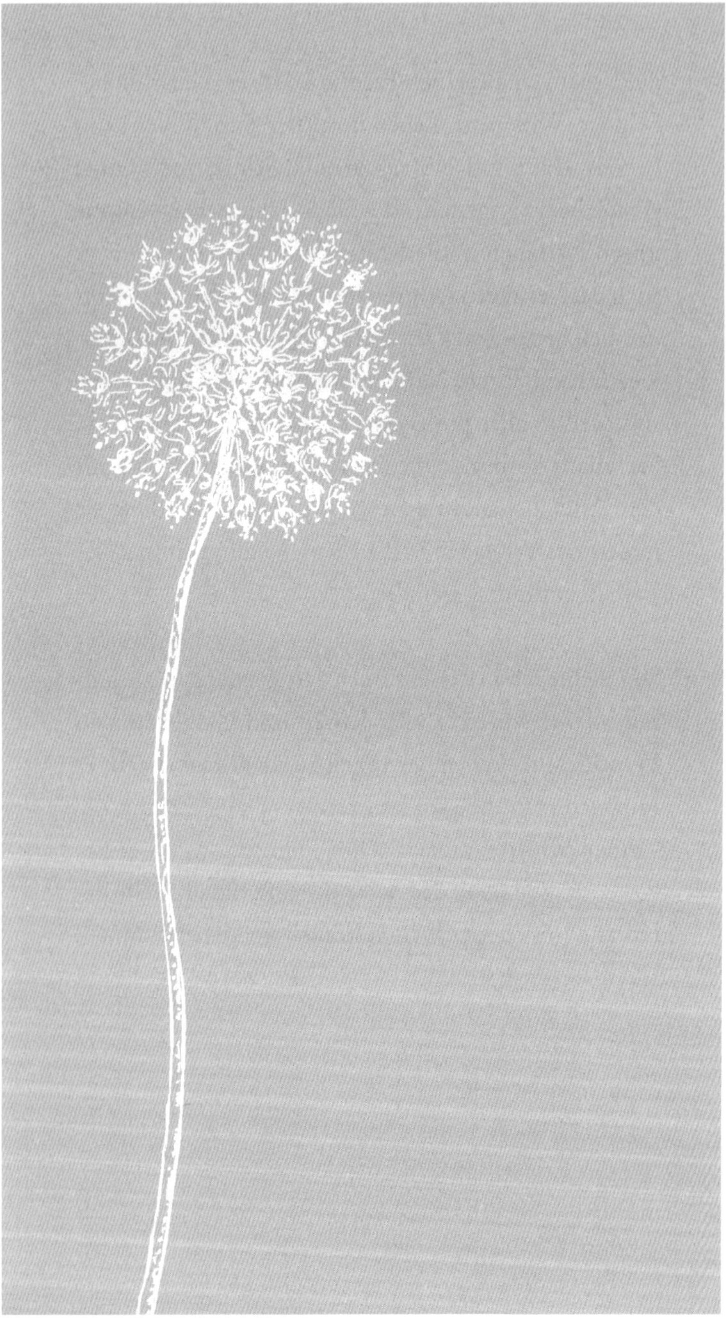

Das Gute sehen

Viele Menschen werden Tag für Tag im Fernsehen und anderen Medien mit negativen Meldungen geradezu bombardiert: In den Nachrichten wird über den Krieg in der Ukraine und die willkürliche Zerstörung von Wohnungen, Krankenhäusern, Kindergärten und Museen berichtet. Je mehr dieser Meldungen sie sehen oder lesen, desto pessimistischer werden sie. Sie verlieren alle Hoffnung und reagieren oft mit ohnmächtiger Wut, die aber nichts bewirkt, sondern nur die eigene Stimmung vergiftet. Damit geben sie den Nachrichten zu viel Macht über sich.

Andere schauen auf die Zerstörungen durch Wirbelstürme, Trockenheit, Waldbrände oder durch Überschwemmungen. Sie verlieren jedes Vertrauen in das Leben und das Vertrauen in die Erde. Sie lassen sich von Untergangsszenarien lähmen und verlieren alle Kraft. In der Zeit der Pandemie erzählte mir eine Frau, dass ihr Mann ständig vor dem Fernseher sitze und die Nachrichten über die Ausbreitung der Pandemie anschaue. Das nahm ihm alle Kraft zum Arbeiten. Er ist selbstständig, aber war dadurch wie gelähmt, hatte keine Kraft mehr für seine berufliche Arbeit. Er versank in seiner Ohnmacht, die sich dann auch in der Unfähigkeit zu arbeiten äußerte.

In der Folge entwickeln Menschen häufig Verschwörungstheorien und machen bestimmte Gruppen in der Gesellschaft für den augenblicklichen Zustand der Welt oder das Virus verantwortlich. Oder aber sie zeichnen apokalyptische Bilder und sehen den Untergang der Welt schon kommen. Eine Frau erzählte mir, dass ihr ein Mann riet, sie solle ihr Haus verkaufen, denn in zwei Jahren gäbe es eine große Überschwemmung in ihrem Wohngebiet. Obwohl die Frau spürte, dass dieser Mann in seinen Untergangsfantasien gefangen war, wurde sie durch solche Vorhersagen doch verunsichert. Aber Menschen, die den Untergang voraussagen, sagen dadurch mehr über sich selbst und ihre Ängste aus als über den Zustand der Welt.

Die schlechten Nachrichten, die uns heute dank den modernen Medien jede Katastrophe, jedes Unglück, jeden Unfall in der ganzen Welt vor Augen führen, überfordern uns. Entweder wir verschließen uns diesen Katastrophen oder aber wir lassen uns dadurch lähmen. Solche Nachrichten verstärken in uns die Angst vor der Zukunft. Es gibt sicher viele Gründe, Angst vor der Zukunft zu haben. Doch durch die Fixierung auf die negativen Meldungen übersieht man das Gute, das auch in der Welt geschieht und in Zukunft möglich ist.

Der Tagesschausprecher Constantin Schreiber hat lange in den arabischen Ländern gelebt. Wenn er mit seinem Taxi ungeduldig im Stau stand und spürte, dass er es nicht pünktlich zu seinem Termin schaffen wird, schaute ihn der Taxifahrer ganz entspannt an und sagte: »Es wird schon werden, inschallah!« »Inschallah« heißt: So Gott will. Doch meistens gebraucht man es im Sinn von: »Es wird alles gut.«

Constantin Schreiber erzählt in einem Artikel der »Zeit«, dass er als Tagesschausprecher ständig mit negativen Nachrichten konfrontiert ist. Und er erfährt in seiner Umgebung, dass viele immer wieder sagen: »Es ist schrecklich.« Er spricht von dem Phänomen, das die Engländer »Doomscrolling« nennen: »Das englische Wort doom bedeutet so viel wie ›Weltuntergang‹. Beim Dauerkonsum von Katastrophenmeldungen schüttet der Körper mehr Stresshormone aus. ›Doomscroller‹ schlafen schlechter, sind ängstlicher und neigen zu Depressionen. Andere wenden sich ganz ab vom Nachrichtengeschehen. Auch dafür gibt es einen Namen: ›News-Fatigue‹, Nachrichtenerschöpfung« (Zeit vom 30. März 2023).

Schreiber hat für sich einen Weg gefunden, gegen diese pessimistische Weltuntergangsstimmung anzugehen und bewusst das Gute zu sehen. Ein Weg ist für ihn die Musik. Er spielt Klavier. Wenn er gefragt wird, wie er die schlechten Nachrichten aushält, die er als Tagesschausprecher verlesen muss, dann antwortet er: »Ich spiele dagegen an … Ich bin glücklich in Zeiten des Unglücks.« Ein anderer Weg ist für ihn die Natur. Dort entdeckt er seine Spiritualität, die ihn mit allem verbindet, was ihn umgibt. Und er erzählt eine wichtige spirituelle Erfahrung, die er in Syrien in einem orthodoxen Gottesdienst gemacht hat: »In der syrisch-orthodoxen Kirche ist alles auf das Transzendente ausgerichtet. Der Gottesdienst dort kam mir mystisch vor. Eine Brücke in eine andere Welt« (ebd.). Wir brauchen Abstand zu den vielen negativen Nachrichten. Und eine Weise, sich davon zu distanzieren, kann der Gottesdienst sein. Für andere ist es die Natur oder die Musik.

Wir sollen die Augen nicht verschließen vor dem Leid und den Katastrophen in dieser Welt und die Gefahren eines Krieges oder einer Klimakatastrophe nicht verdrängen. Aber wir können uns nicht immerzu mit ihnen beschäftigen. Es gibt verschiedene Reaktionen, die möglich sind. Eine ist, das Leid in der Welt und die künftigen Gefahren durch den Klimawandel wahrzunehmen und sie als Einladung zu sehen, für die leidenden Menschen und für die Zukunft der Welt zu beten, dass Gottes Segen stärker ist als die negativen Kräfte, die in dieser Welt am Werk sind. Die andere Reaktion ist, den Sorgen um die Zukunft der Welt nur einen begrenzten Raum zuzugestehen. Dann sage ich beispielsweise »Stopp!« zu den Sorgen. In diesem Moment haben sie dann keinen Zutritt zu meinem Denken und zu meinem Herzen. Ich lasse mich ganz auf das ein, was gerade dran ist, auf den Menschen, mit dem ich spreche, auf meine Arbeit. Das bedeutet nicht, die Augen zu verschließen, sondern eine gesunde Distanz zu den Problemen dieser Welt zu schaffen.

Wenn ich vor lauter Mitleid mit dem Leid in der Welt selbst zerfließe, helfe ich damit niemandem. Wenn ich in der Angst vor der unheilvollen Zukunft versinke, geht von mir keine positive Energie aus und ich kann nichts bewirken. Ich bin gelähmt und lähme damit häufig auch noch andere. Ich gönne ihnen ihr Leben und ihre Fröhlichkeit nicht und argumentiere dann gleich moralisierend: In dieser leidvollen Zeit dürfen wir nicht Fasching begehen, da können wir nicht fröhlich Ostern oder Weihnachten feiern. Durch die Fixierung auf das Leid schneiden wir uns vom Leben ab und bewirken in unserer Umgebung selbst Leid. Diese Fixierung auf die Katastrophen in unserer Welt macht die Menschen hart und unfreundlich. Sie kreisen nur noch um sich und die schrecklichen Dinge, von denen sie ständig hören. Constantin Schreiber nennt im Einklang mit manchen Experten diese Einstellung zur Welt »Verbitterungsstörung«: »Der verbitterte Mensch sieht sich als Opfer böser Kräfte und fühlt sich ungerecht behandelt. Alles Denken kreist um dieses Gefühl« (Zeit vom 30.3.23). Verbitterte Menschen impfen häufig anderen in ihrer Umgebung Schuldgefühle ein, dass sie zu wenig Verantwortung für die Welt übernähmen, dass man in dieser Situation gar nicht feiern dürfe. Aber eine Welt ohne Feier wird immer trauriger und aggressiver und pessimistischer. Einer Welt ohne Feste fehlt der Halt mitten in der Unsicherheit und Bedrohtheit des Lebens.

Schaut man einmal in die Geschichte der Menschheit bzw. des Glaubens, so fällt auf, dass auch die Israeliten viele leidvolle Zeiten erlebt haben. Aber ihnen war es wichtig, auch in schwierigsten Momenten ihre Feste zu feiern. Sie gaben ihnen Hoffnung, brachten Stabilität in ihr unsicheres Leben und gaben ihnen Halt. Auch in Zeiten der Verfolgung hielten sie an der wöchentlichen Feier des Sabbats fest. Sie erinnerten sich an den Festen an die Heilstaten Gottes in ihrer Geschichte, vor allem immer wieder an den Auszug aus Ägypten und den Durchzug durch das Rote Meer. Die Erinnerung an den Auszug aus dem Sklavenhaus Ägypten nährte an jedem Sabbat die Hoffnung, dass Gott sie herausführen wird aus der Hand der Verfolger und Sklavenhalter. Jedes Fest und jeder Sabbat vermittelten ihnen Lebensfreude. Sie spürten, dass ihr Leben einen Sinn hat, dass sie Gottes Volk sind und nicht das Volk von tyrannischen Machthabern.

Feste lenken unser Augenmerk auf das Wirken Gottes. Das relativiert die Schwierigkeiten in der Welt. An jedem Fest bekennen wir, dass Gott auch in leidvollen Zeiten für uns da ist. Das Fest lädt uns ein, bewusst das Gute in der Welt zu sehen. Es feiert die Zustimmung zum Leben, die Zustimmung zu dieser Welt, wie sie nun einmal ist. Bei einem Fest denken wir an das, was Gott in der Geschichte unserer Gemeinschaft, aber auch in unserer persönlichen Lebensgeschichte an Heil geschaffen hat. Bei solchen Gelegenheiten denken wir aber nicht nur dankbar an das Wirken Gottes in unserem Leben. Wir sollen auch einen Blick dafür bekommen, dass in unserer Gesellschaft trotz aller Probleme und Schwierigkeiten viel Gutes geschieht. Wir erkennen das Gute in den Menschen, die sich für andere einsetzen, indem sie zum Beispiel in Katastrophengebiete fahren und dort die Not lindern. Wir erkennen das Gute in den Politikern, wenn sie sich um Frieden und um Umweltschutz bemühen. Wir sehen das Gute in den Führungskräften, die sich für ihre Mitarbeiter einsetzen, dass sie einen sicheren Arbeitsplatz und eine gute Arbeitsatmosphäre haben, in der ihnen die Arbeit Spaß macht. Wir sehen das Gute in alten Menschen, die zufrieden und dankbar sind für ihr Leben, obwohl sie viel Leid erfahren haben. Sie beten für unsere Gesellschaft. Sie strahlen mit ihrem Gebet eine gute Energie in unsere Gesellschaft aus und vermitteln ihr Hoffnung.

Soziologen haben das Verhalten der Menschen bei verschiedenen Katastrophen erforscht, etwa bei der großen Flutkatastrophe in New Orleans, dem Tsunami auf Bali oder bei der Flutkatastrophe im Ahrtal. Entgegen manchen Medienberichten, die davon erzählten, dass es dort Plünderungen gegeben habe und jeder nur an sich und sein Hab und Gut denke, hat man festgestellt, dass die Menschen einander geholfen haben und auf einmal eine große Solidarität entstand. Die meisten sind bereit, einander zu helfen und sich gegenseitig zu stützen. Bei all dem Furchtbaren, das in unserer Welt geschieht, wird deutlich, dass die allermeisten Menschen eine soziale Ader haben und spontan für andere da sind, um ihnen zu helfen. Es gibt doch das Gute im Menschen, das Gespür, dass wir zusammengehören und füreinander verantwortlich sind.

Wir sollen nicht nur das Gute in der weiten Welt suchen, sondern auch konkret in unserem Umfeld. Auch hier sind es häufig die Medien, die Angst und Misstrauen schüren, weil sie Einzelfälle als den Normalfall darstellen. Wenn man also den Bericht über ein Ehepaar aus Hongkong liest, das im Zug nach Würzburg unterwegs war, als plötzlich ein junger Mann mit dem Messer auf sie losging und mehrmals auf sie einstach, haben manche Menschen anschließend Angst, in den Zug zu steigen, weil sie befürchten, dass ihnen Ähnliches widerfährt. Manche trauen sich aufgrund ähnlicher Berichte in der Zeitung nicht mehr auf die Straße aus Angst, sie könnten überfallen oder verletzt werden.

Da ist es umso wichtiger, dass wir die vielen Menschen sehen, die wir in unserer Umgebung, in unserer Familie, in der Kirchengemeinde, in der politischen Gemeinde erleben und die so ganz anders agieren. Dann können wir wieder mit Vertrauen in die Stadt gehen oder in ein Konzert oder ins Kino. Wer immer nur die negativen Nachrichten wahrnimmt, der sieht in jedem Menschen einen möglichen Betrüger, Terroristen oder Mörder. Er macht sich das Leben selbst schwer.

Das Gute erkennen wir in unserer Umgebung, wenn wir bewusst mit der Brille der Dankbarkeit auf die Menschen schauen, mit denen wir leben, aber auch auf jene, denen wir zufällig in der U-Bahn oder in der Fußgängerzone begegnen. Wenn wir dankbar auf unsere Eltern, auf unsere Geschwister, auf unsere Freunde schauen, erkennen wir, wie viel Gutes wir von ihnen empfangen haben: von den Eltern das Leben, die Liebe, die Geborgenheit, das Angenommensein, die Heimat, von den Geschwistern das Miteinander und die Solidarität untereinander, von den Freunden viele gute Gespräche und Stütze und Halt in schwierigen Zeiten. Wenn wir mit der Brille der Dankbarkeit auf die Menschen schauen, denen wir täglich bei der Arbeit, zu Hause, beim Einkaufen oder im Zug begegnen, dann werden wir offen für den freundlichen Blick des Sitznachbarn, für die freundliche Behandlung durch die Verkäuferin, für die fröhlichen Kinder auf der Straße. Allerdings gilt dann auch für uns: Wenn wir der freundlichen Verkäuferin oder dem hilfsbereiten Schaffner im Zug danken, entsteht auf einmal etwas Gutes mitten in dieser bösen Zeit. Unser Dank tut dem anderen gut. Und wir wecken mit einem guten Wort das Gute in ihm.

Eine Frau aus Taiwan erzählte mir, dass der Zug, in dem sie saß, plötzlich auf offener Strecke hielt. Die Zuggäste reagierten nervös und aggressiv, weil anfangs keiner den Grund für die Verzögerung kannte. Der Zugbegleiter versuchte, den Reisenden freundlich zu begegnen, ihnen zu versichern, dass der Zug bald wieder weiterfahren werde. Die Frau aus Taiwan dankte dem Zugbegleiter, dass er trotz der unübersichtlichen Situation so freundlich zu allen war. Der Zugbegleiter reagierte gerührt auf diesen Dank. Sofort entstand eine andere Stimmung in der Bahn. Aus dem scheinbar Schlechten und Schwierigen wurde etwas Gutes, eine freundliche Begegnung. Es täte uns gut, statt nervös und aggressiv auf jede Verspätung zu reagieren und unsere Aggression am Zugbegleiter auszulassen, der keine Schuld daran trägt, dem Begleiter zu danken, dass er trotz aller Anfeindungen freundlich bleibt.

Wir sollten uns immer wieder darüber bewusstwerden, wie vielen guten Menschen wir in unserem Alltag begegnen. Ob wir in die Arztpraxis gehen oder zum Einkaufen, ins Krankenhaus müssen oder mit dem Bus fahren, zur Steuerberatung oder ins Schwimmbad wollen: Überall begegnen uns Menschen, die uns freundlich unterstützen, uns bei verschiedenen Bedürfnissen weiterhelfen, unsere Fragen beantworten und sich um unsere Belange kümmern. Und oft genug machen wir die Erfahrung, dass häufig aus diesem eher alltäglichen oder professionellen Kontakt ein herzliches Gespräch entsteht. Wir müssen nur einmal mit dankbaren Augen in unseren Alltag schauen, dann werden wir sehen, dass wir von vielen wohlwollenden und hilfsbereiten Menschen umgeben sind.

In der Benediktsregel findet man ein ganzes Kapitel zum Thema »Gastfreundschaft«, in dem es um genau solche alltäglichen Begegnungen geht. Der Ordensgründer formuliert es noch einmal anders, wenn er seine Mönche darin auffordert, »Christus im Bruder, in der Schwester« zu sehen. Das ist für manche vielleicht zu fromm formuliert. Aber es bedeutet eigentlich, dass ich daran glaube, dass in jedem Menschen ein guter Kern ist oder zumindest die Sehnsucht nach dem Guten. Ich übersehe das Schwierige, manchmal auch Boshafte im anderen nicht. Aber ich bin mit Albert Görres, dem Münchner Psychiater, der Ansicht, dass niemand das

Böse aus Lust am Bösen tut, sondern immer aus Verzweiflung. Kein Mensch ist aus Lust schwierig, sondern immer aus einer inneren Not heraus. Daher sehe ich bei einem schwierigen und boshaften Menschen hinter die Fassade und vertraue darauf, dass er sich eigentlich nach dem Guten sehnt. Indem ich das Gute sehe und es anspreche, kann ich es in ihm wecken. Manche halten diese Einstellung für naiv. Sie meinen, manche Menschen würden bewusst das Böse tun, um Macht auszuüben. Natürlich gibt es solche, die so verzweifelt sind, dass sie sich nur noch mit dem Bösen identifizieren können. Aber auch da gilt es, daran zu glauben, dass hinter dieser kaputten Fassade, hinter diesem gleichsam chronisch gewordenen Bösen die Sehnsucht nach dem Guten steckt, die Sehnsucht nach gelingendem Leben.

Es wäre eine gute Übung, bewusst einen Tag lang allen Menschen mit der Brille der Dankbarkeit zu begegnen bzw. mit den Augen, die uns Benedikt empfiehlt: in jedem das Gute zu sehen. Dann werde ich beispielsweise die Menschen in der Fußgängerzone nicht nur als die sehen, die vorbeihetzen und sich nur um ihren Einkauf kümmern, sondern als Menschen mit ihrer je eigenen Würde, mit ihrer je eigenen Lebensgeschichte. Wenn ich sie dann innerlich segne, werde ich in ihnen das Gute sehen, Menschen, die vielleicht viel Leid erlitten haben, aber dennoch Ja sagen zum Leben. Wenn ich mit dieser Einstellung zum Einkaufen gehe, wird es gute Begegnungen geben, etwa an der Kasse des Supermarktes. Ich sage der Kassiererin ein freundliches Wort, danke ihr für ihre Arbeit. Und schon leuchtet das Gute in ihr auf. Ich sehe dann die anderen, die im Supermarkt einkaufen, nicht als die, die sich vordrängeln wollen, die mir das wegnehmen, was ich einkaufen wollte, sondern als Menschen, die Bedürfnisse haben, die sich nicht immer leichttun, mit ihrem Leben zurechtzukommen. Dann schaue ich sie mit einem milden Blick an.

Wenn ich spüre, dass sie hilflos sind und ich etwas für sie tun kann, dann werde ich merken, dass ich zu fast allen Menschen eine gute Beziehung aufbauen kann, wenn ich freundlich auf sie zugehe und ihnen helfe. Der freundliche und milde Blick, der nicht bewertet, verwandelt auch die Menschen um mich herum. So stelle ich eine Beziehung her und darin erkenne ich, dass ich guten und freundlichen Menschen begegne, woher sie auch immer kommen, welchen Hintergrund sie auch immer haben. Es tut mir selbst gut, wenn ich eine Brücke gebaut habe zu einem Fremden, den ich bisher nicht kannte und dem ich so ein Gesicht gebe, ihn als Mensch unter Menschen betrachte.

Die eigenen Ressourcen entdecken

Wir sollen nicht nur auf die Gefährdungen schauen, denen unser Leben ausgesetzt ist, und nicht nur auf die Verletzungen und Kränkungen, die wir erfahren haben und immer wieder neu erfahren. Vielmehr sollen wir auf unsere eigenen Ressourcen schauen. Wir kommen ihnen am leichtesten auf die Spur, wenn wir uns ein paar Fragen stellen: Wie habe ich in meinem Leben bisher schwierige Zeiten bewältigt? Mit welcher Strategie habe ich auf eine Krankheit reagiert, auf finanzielle Nöte, auf den Arbeitsplatzverlust, auf die Pandemie, auf die Schreckensnachrichten aus aller Welt? An den Antworten werden wir erkennen, dass wir schon oft in unserem Leben schwierige Zeiten durchgestanden haben, zum Beispiel die harte Zeit der Arbeitslosigkeit. Vielleicht haben wir aber auch durch die Trauer um einen lieben Menschen neu gelernt, Ja zum Leben zu sagen. Wir haben Zeiten der Krankheit durchlebt und sind gestärkt daraus hervorgegangen.

Jeder hat in sich eine innere Quelle von Energie, von Kraft, von Hoffnung, von Reaktionsmöglichkeiten. Wir Christen glauben, dass in uns die Quelle des Heiligen Geistes ist, aus der wir immer schöpfen können, weil er uns immer neue Hoffnung schenkt, das, was von außen auf uns einströmt, zu bewältigen. Die Quelle des Heiligen Geistes ist in uns. Wir sollten nur immer wieder damit in Berührung kommen.

Doch neben dieser Kraftquelle hat jeder seine eigenen Ressourcen. Zum Beispiel Widerstandskraft, mit der man schwierige Situationen durchstehen kann. Heute sprechen wir von Resilienz, die dazu befähigt, mit Herausforderungen umzugehen und nicht darin unterzugehen. Resilienz ist die Widerstandskraft, mit der wir auf die Herausforderungen des Lebens reagieren und somit gleichsam ein seelisches Immunsystem schaffen, das auf das, was von außen in uns eindringen möchte, abwehrend reagiert. Beim einen zeigt sich Resilienz in der Hoffnung, die er in allen Schwierigkeiten hat, eine Lösung für seine Probleme zu finden. Der andere weckt in sich den Kampfgeist, um sich den Gefährdungen von außen zu stellen. Er nimmt jede Schwierigkeit als sportliche Herausforderung an, mit dem Ziel, sie zu überwinden.

Ein anderer Begriff, der uns hilft, die eigenen Ressourcen zu entdecken, ist der der Salutogenese. Aaron Antonovsky, ein israelischer Psychologe und Soziologe (1923–1994), gilt als Begründer dieses Konzepts. Als Therapeut begleitete er viele der Menschen, die den Holocaust überlebt hatten. Manche sind an diesem unsäglichen Leid zerbrochen, andere sind daran gewachsen. Antonovsky interessierte sich dafür, was einige von ihnen befähigt hat, das Leid so zu bewältigen, dass sie gesund geblieben sind, ja sogar noch stärker daraus hervorgingen. Daraus hat er das System der Salutogenese entwickelt. Es beschreibt, wie Gesundheit (lat. *salus*) entsteht (lat. *genesis*). Ein wichtiger Begriff ist für ihn in diesem Zusammenhang »Kohärenz«. Das bedeutet: Mein Leben ist kein Stückwerk, das in einzelne Teile zerfällt. Es hängt alles miteinander zusammen. Auch das Leid bringt mich nicht aus diesem Zusammenhang heraus. Es zerlegt mich nicht in einzelne Teile, sondern es stößt auf einen Menschen, der sieht, dass sein Leben einen inneren Zusammenhalt hat. Dass man sein Leben in dieser Weise begreifen kann, es also als kohärent empfindet, hängt von drei Faktoren ab: Verstehbarkeit, Handhabbarkeit und Sinnhaftigkeit.

Verstehbarkeit meint: Wenn ich mein Leben als etwas Zusammenhängendes begreife, dann falle ich nicht so leicht aus meiner Mitte. Ich verstehe auch die Krankheit, die Naturkatastrophe, den Krieg als etwas nicht rein Irrationales, sondern als etwas, das in irgendeiner Weise zu meinem Leben gehört. Mein Leben vollzieht sich nicht im »Schlaraffenland« oder einer »heilen Welt«, sondern in einer bedrohten und bedrohenden Welt. Auch beispielsweise der Verlust meines Arbeitsplatzes ist nicht etwas völlig Irrationales. Ich versuche ihn als etwas zu verstehen, das mir widerfahren kann. Ich kann mich in der heutigen Zeit nicht darauf verlassen, dass mein Arbeitsplatz für ewige Zeiten sicher ist. Alles ist im Fluss. Das gilt dann auch für meine Gesundheit. Ich habe keine Garantie darauf und kann auch nur bedingt etwas dafür tun. Wenn ich dann trotzdem erkranke, nehme ich das als Herausforderung an. Vielleicht erkenne ich darin einen Impuls, etwas in meinem Leben zu ändern, meine Einstellung, meinen Lebensstil. In all diesen Situationen verstehe ich mich also als eine Person, die aktiv reagieren kann, und die durch diese Erlebnisse nicht in Fragmente zerfällt.

Der zweite Faktor, Handhabbarkeit, bedeutet: Ich bin weder durch Verlust der Arbeit noch durch Krankheit noch durch Unglück noch durch Krieg handlungsunfähig geworden. Ich kann aktiv darauf reagieren. Bei Verlust der Arbeit kann ich beispielsweise die freie Zeit dazu nutzen, nach innen zu schauen und zu überprüfen, was für mich stimmig ist. Oder ich versuche, mich beruflich anders zu orientieren, Bewerbungen zu schreiben an Unternehmen, in denen ich gerne arbeiten möchte. Wenn ich krank bin, kann ich darauf aktiv reagieren, indem ich zum Arzt gehe, seinen Anweisungen folge, vielleicht meinen Lebensstil ändere, die Akzente in meinem Leben anders setze. Wenn es eine tödliche Krankheit ist, versuche ich nicht, mich völlig lähmen zu lassen von dieser Diagnose, sondern verstehe: Mein Leben ist endlich. Ich werde so und so sterben. Also werde ich die Zeit, die mir zum Leben bleibt, bewusst leben, achtsam leben, ganz im Augenblick sein.

Der dritte Faktor ist die Sinnhaftigkeit. Viktor Frankl, ein österreichischer Neurologe und Psychiater, hat den Sinn als zentrale heilende Kraft im Menschen angesehen. Er selbst war in sechs verschiedenen Konzentrationslagern und hat überlebt. Das brachte ihn zu der Einsicht: Nur wer einen Sinn in seinem Leben sieht, hat die Chance, diese unmenschliche Zeit zu überleben. Der Sinn ist jedoch auch keine Garantie für das Überleben. Es kann mir trotzdem passieren, dass ich willkürliches Opfer der Unterdrücker werde.

Frankl hat nach seiner Freilassung aus dem KZ als Therapeut die sogenannte Logotherapie entwickelt, die Lehre vom Sinn. Er war der Ansicht, dass in heutiger Zeit viele Menschen krank und depressiv würden, weil sie keinen Sinn in ihrem Leben finden können. Er zitiert zustimmend Friedrich Nietzsche, der einmal sagte: »Wer ein Wozu hat, kann fast jedes Wie ertragen.« Viktor Frankl meint damit nicht, dass das Leid, dass die Krankheit, dass die Katastrophe, dass der Krieg einen Sinn hat. Vielmehr spricht er davon, dass wir dem, was uns an Leid widerfährt, einen Sinn geben, einen Sinn abringen müssen. Er war der Überzeugung: Das Schicksal kann uns vieles rauben. Aber eines kann es uns nicht nehmen: die Freiheit, auf alles, was uns widerfährt, zu reagieren.

Wir reagieren angemessen auf die Widerfahrnisse von außen, indem wir ihnen einen Sinn abringen. Ich kann beispielweise dem Verlust meiner Arbeit den Sinn abringen, neu über mein Leben nachzudenken und noch mehr in Einklang mit mir selbst zu kommen. Möglicherweise finde ich dann eine Arbeit, die für mich stimmig ist, in der ich meine Talente sogar noch besser entfalten kann. Der Krankheit kann ich einen Sinn abringen, indem ich danach frage, was sie mir sagen möchte. Vielleicht will sie mir die Vorstellungen vom Leben zerbrechen, dass ich alles kann, was ich will, dass ich mein Leben kontrollieren kann. Vielleicht will sie mich auch aufbrechen, dass ich meine Masken und meine Rollen, die ich spiele, ablege, damit ich in Berührung komme mit meinem wahren Selbst. Ein Krieg hat keinen Sinn. Ich kann ihn auch nicht beenden. Aber ich kann ihm einen Sinn abringen. Er zwingt mich, neu nachzudenken, wie unsere Welt geheilt werden, wie Versöhnung entstehen kann, wie wir in Zukunft so leben können, dass wir Kriege vermeiden.

Jeder hat seine eigenen Ressourcen, aus denen er schöpfen kann. Der eine hat ein gesundes Selbstwertgefühl, das ihm auch in schwierigen Situationen das Vertrauen gibt, bestehen zu können. Der andere hat Humor und nimmt alles nicht so ernst. Ein anderer ist ein optimistischer Typ, der sich auf alles mit der Hoffnung einlässt, dass sich das Problem lösen lässt. Wieder ein anderer findet seine Ressource in der Geborgenheit der Familie oder in der Freundschaft oder in guter sozialer Vernetzung.

Viele sehen ihre wichtigste Ressource jedoch im Glauben. Er trägt und gibt mir die Hoffnung, dass ich auch die unsichere Zeit, in der wir leben, voll Vertrauen durchstehen kann und dass sich alles in Segen verwandeln wird. Der Glaube schenkt mir das Vertrauen, dass ich nicht aus Gottes guten Händen fallen kann, ganz gleich, was an äußeren Belastungen auf mich zukommt. Diese Welt ist nicht in der Hand der Mächtigen, auch wenn es so aussieht. Gott wirkt weiterhin im Verborgenen. Der Glaube hat den frühen Christen die Kraft gegeben, in einer den Christen feindlich gesinnten Umgebung standhaft zu bleiben. Sie haben sich nicht verbiegen lassen. Gregor von Nyssa interpretiert in diesem Sinn die achte Seligpreisung: »Selig, die um der Gerechtigkeit willen verfolgt werden, denn ihnen gehört das Himmelreich« (Mt 5,10). Er meint: Wenn wir etwa 1.000 Meter laufen, brauchen wir andere, die mit uns laufen, die uns antreiben, dass wir schneller laufen. Dieses Bild überträgt er nun auf das Leid, das uns heimsucht, und auch auf das Böse, das uns widerfährt. Er meint, weder das Leid noch das Böse kann uns letztlich schaden. Es treibt uns vielmehr auf Gott hin, damit wir uns ihm noch mehr zuwenden. Dann steigen wir aus der Opferrolle aus und nehmen das Leid und die Verletzungen, die wir von außen erleben, als Herausforderung an. Wenn wir dieses Bild auf die Pandemie anwenden, dann verzichten wir darauf, sie sofort religiös zu deuten, etwa als Strafe Gottes, wie manche konservative Christen das gesehen haben. Vielmehr sehen wir sie als Herausforderung, uns der eigenen Sterblichkeit und Vergänglichkeit zu stellen und in Gott den Grund zu suchen, auf dem wir feststehen können mitten in der Unsicherheit dieser Zeit.

Für mich ist zudem Disziplin eine wichtige Ressource. Wenn ich etwas arbeiten muss, dann bleibe ich dabei. Ich schaue nicht mal auf dem Smartphone irgendwelche interessanten Nachrichten an. Wenn ich etwas schreibe, bleibe ich am Schreibtisch. Ich setze mir eine bestimmte Zeit, die ich dafür nutzen möchte. Disziplin bedeutet, mich auf das zu konzentrieren, was ich gerade tue, und mich nicht ständig ablenken zu lassen. Auch das heute viel zitierte Prokrastinieren ist eine Art der Ablenkung. Man hat keine Lust, eine Aufgabe zu erledigen. So schiebt man sie immer weiter vor sich her und denkt sich immer neue andere Dinge aus, die vorher noch zu erledigen sind, ehe man die Aufgabe angehen kann. Die Ursache solcher »Aufschieberitis« ist meist die Angst, kritisiert zu werden oder die Aufgabe nicht zu schaffen. Dann tut man lieber gar nichts und macht damit auch nichts falsch. Daraus entsteht ein Teufelskreis, aus dem man oft nicht so leicht herauskommt.

Zur Disziplin gehört meiner Ansicht nach auch eine weitere Ressource: die Rhythmisierung des Lebens. Ich brauche das, um wirklich gut arbeiten und leben zu können. Daher kommt mir der geregelte Alltag der Mönche sehr entgegen. C. G. Jung, der berühmte Schweizer Psychiater und Begründer der analytischen Psychologie, meint, wer im Rhythmus arbeitet, tut dies effektiver und nachhaltiger. Der Rhythmus hält mich wach. Dann komme ich zu allen wichtigen Dingen, die an diesem Tag anfallen. Ich setze den Rhythmus nicht willkürlich fest, sondern höre dabei auf meine Gefühle und auf meinen inneren Biorhythmus. Ich gestalte den Tag so, dass ich die schwierigsten und anspruchsvollsten Aufgaben in der kreativsten Zeit vollbringen kann. Bei mir ist das meist der Vormittag und der frühe Nachmittag nach dem Mittagsschlaf, nachdem ich eine Tasse Kaffee getrunken habe. Wenn ich meinen Tag rhythmisiere, dann vermeide ich Stress und Überanstrengung. Ich mache kurze Pausen, wenn ich müde bin, damit sich mein Gehirn wieder regenerieren und kreative Gedanken fassen kann.

Genauso wichtig wie die persönlichen Ressourcen, die jeder in sich trägt, sind auch die sozialen Ressourcen. Wenn ich mich eingebunden fühle in die Familie, dann kann ich die Probleme, die von außen auf mich einströmen, besser bewältigen. Wenn ich die Arbeit verliere, finde ich dort Halt. Ich versinke nicht im Loch. Auch Trauer kann gemeinsam besser bewältigt werden. Wenn Menschen sich von der Familie getragen wissen, können sie schwierige Situationen besser meistern. Zu den wichtigen Ressourcen gehören auch Freundschaften. Ein Freund, eine Freundin lässt mich nicht fallen, wenn mir etwas widerfährt, das mich aus der Bahn wirft. Er steht zu mir, wenn ich beispielsweise in einen Burn-out gerate oder wenn ich einen Fehler mache. Wer sich von Freunden verstanden weiß, der kann die Widrigkeiten des Lebens besser bestehen. Eine andere soziale Ressource ist eine gute Nachbarschaft. Ulrich Schnabel erzählt in seinem Buch »Zusammen. Wie wir mit Gemeinsinn globale Krisen bewältigen« von dem amerikanischen Politikwissenschaftler Daniel Aldrich, den seine Nachbarin nachts weckte und mahnte, er solle sofort das Haus verlassen, weil ein enormer Hurrikan auf die Stadt zurase. Er tat es und konnte so sein Leben retten. Aus dieser Erfahrung schließt Aldrich: »Die beste Katastrophenvorsorge wäre, nicht nur in Deiche zu investieren – sondern in gute Nachbarschaft« (zit. in Schnabel 245).

Die Kunst der kleinen Schritte

Viele erschrecken vor dem Berg von Problemen, dem sie sich oft gegenübersehen. Er scheint ihnen unüberwindbar zu sein. Doch man kann diese Situation tatsächlich mit dem Beginn einer Wanderung auf einen Berg vergleichen. Denn wie auch die Bewältigung des Problembergs beginnt jede Bergbesteigung mit dem ersten Schritt und dann folgen viele kleine Schritte. Wer zu Beginn der Wanderung zu schnell geht, der kommt bald außer Atem. Und er läuft Gefahr aufzugeben, wenn die erste Krise droht. So wie wir einen Berg langsam besteigen, Schritt für Schritt, so sollten wir auch mit den Herausforderungen unserer Zeit umgehen. Pandemie, Klimawandel, Krieg – da sind auf einmal drei riesengroße Probleme vor uns aufgetaucht. Dazu kommen die Begleiterscheinungen Inflation, verteuerte Energiekosten, Steigerung der Preise bei den Lebensmitteln, beim Bauen und in vielen anderen Bereichen. Die Menge der Probleme auf einmal erschlägt manchen, der dann gelähmt stehen bleibt und gar nichts mehr tut.

Statt angesichts dieser vielen Herausforderungen in eine Art Problemstarre zu verfallen, sollten wir die sogenannte Kunst der kleinen Schritte üben. Sie geht auf Papst Johannes XXIII. zurück und er notierte einen Teil davon in seinen Tagebüchern. Schließlich ergänzte er diesen eindrucksvollen Text, sodass daraus am Ende der »Dekalog der Gelassenheit« wurde:

Nur für heute
werde ich mich bemühen, den Tag zu erleben,
ohne alle Probleme meines Lebens auf einmal
lösen zu wollen.

Nur für heute
werde ich mich den Gegebenheiten anpassen,
ohne zu verlangen, dass sich die Gegebenheiten
an meine Wünsche anpassen.

Nur für heute
werde ich etwas tun,
wozu ich eigentlich keine Lust habe.

Nur für heute
werde ich nicht danach streben,
die anderen zu kritisieren oder zu verbessern
– nur mich selbst.

Nur für heute
werde ich in der Gewissheit glücklich sein,
dass ich für das Glück geschaffen bin.

Nur für heute
werde ich eine gute Tat vollbringen
– und ich werde es niemandem erzählen.

Nur für heute
werde ich zehn Minuten meiner Zeit
einem guten Buch widmen.

Nur für heute
werde ich keine Angst haben.
Ganz besonders werde ich keine Angst haben,
mich an allem zu freuen, was schön ist.
Und ich werde an die Güte glauben.

Nur für heute
werde ich ein genaues Programm aufstellen.
Vielleicht halte ich mich nicht genau daran,
aber ich werde es aufsetzen.
Und ich werde mich vor zwei Übeln hüten:
vor der Hetze
und der Unentschlossenheit.

Nur für heute
werde ich glauben
– selbst wenn die Umstände
das Gegenteil zeigen sollten –,
dass Gott für mich da ist,
als gäbe es sonst niemanden in der Welt.

Ich will mich nicht entmutigen lassen durch den Gedanken, ich müsste dies alles mein ganzes Leben lang durchhalten. Heute ist es mir gegeben, das Gute während zwölf Stunden zu wirken.

Nimm dir nicht zu viel vor,
es genügt die friedliche, ruhige Suche nach dem Guten an jedem Tag, zu jeder Stunde, und ohne Übertreibung und mit Geduld.

Angelo Guiseppe Roncalli,
Papst Johannes XXIII. (1881–1963)

So möchte ich anhand dieses wunderbaren Textes solche kleinen Schritte beschreiben, die wir heute in unserem Alltag gehen könnten. Ich werde mich dabei an die einzelnen Strophen dieses Textes halten.

Der erste kleine Schritt wäre, heute zu versuchen, ganz im Augenblick zu leben. Ich schaue nicht auf die Probleme in meinem Leben. Die kann ich sowieso nicht alle lösen, vor allem muss ich sie heute nicht lösen. Ich lasse mich auf die Menschen ein, denen ich begegne, ich lasse mich auf jeden Augenblick ein, ohne dass ich daran denke, ich müsste noch so viel an mir arbeiten, ich müsste noch mehr Selbsterkenntnis erlangen oder noch mehr Freundlichkeit. Ich versuche, heute in jedem Augenblick einfach da zu sein und ohne den Druck zu leben, alles richtig machen zu müssen, alle Verletzungen meiner Kindheit heilen zu müssen. Ich lasse mich einfach auf das Leben ein, ohne mir zu viele Vorsätze zu machen, was ich dabei alles beachten sollte. Ich lasse mich von den großen Problemen in der Welt nicht davon abhalten, in diesem Augenblick zu sein, mich ganz dem Menschen zuzuwenden, mit dem ich jetzt spreche. So schaffe ich mitten in dieser bedrohten Welt einen Raum der Liebe und Zuwendung.

Ein zweiter Schritt: Ich lasse mich heute auf das ein, was mir vorgegeben ist an Terminen, an Gesprächen und Sitzungen und an Arbeit, die ich erledigen muss.

Ich versuche einfach das zu tun, was gerade dran ist. Ein schönes Beispiel dafür finde ich in einem kleinen Gleichnis Jesu, das im Lukasevangelium erzählt wird (Lk 17,7–10). Jesus erzählt darin, dass der Sklave tut, was ihm aufgetragen ist, ohne dass er dafür großen Dank von seinem Herrn erwartet: »So soll es auch bei euch sein: Wenn ihr alles getan habt, was euch befohlen wurde, sollt ihr sagen: Wir sind unnütze Sklaven, wir haben nur unsere Schuldigkeit getan« (Lk 17,10).

Das klingt erst einmal ein bisschen fremd und pessimistisch. Doch für mich bedeutet es: Geerdete, lebensnahe Spiritualität drückt sich nicht in spirituellen Höhenflügen aus, sondern ganz konkret darin, das zu tun, was ich schuldig bin, was ich mir, dem anderen, was ich dem Augenblick schuldig bin. Indem ich mich auf das konkret einlasse, was ich dem Augenblick schulde, wenn ich einfach das tue, was gerade dran ist, handele ich im Sinn Gottes, tue ich letztlich auch das, was ich Gott schuldig bin. Es genügt, mir vorzunehmen, dass ich das tue, was heute getan wetrden muss, was ich diesem Tag schuldig bin. Und ich beklage mich nicht darüber, dass ich Gegebenheiten unterworfen bin, die ich mir selbst nicht ausgesucht habe. Ich lasse mich einfach auf sie ein. Dann tue ich das, was heute dran ist. Dadurch verwandle ich diesen Tag. Ich muss heute nicht die ganze Welt verändern.

Ein dritter Schritt: Ich tue heute etwas, wozu ich eigentlich keine Lust habe. Es gibt Pflichten, die mir nicht immer Spaß machen. Aber heute versuche ich, sie treu zu erfüllen, auch wenn sie mir keine große Freude bereiten. Ich versuche, eine gesunde Distanz zu den Gefühlen von Lust zu finden. Und ich versuche zumindest heute, diese Arbeit wohlwollend zu verrichten, die mir nicht so liegt. Vielleicht ist sie dann gar nicht so schwer und so unangenehm. Ich übe mich ein in die Freiheit, nicht jedes meiner Bedürfnisse sofort erfüllen zu müssen. Ich entscheide frei, welches ich erfülle und worauf ich verzichte. Wenn mir das gelingt, dann fühle ich mich wohl. Ich habe mich überwunden, ich bin nicht Sklave meiner Bedürfnisse. Ich bin frei. So kann ich am Abend aufrecht und dankbar ins Bett gehen.

Ein vierter Schritt: Ich verzichte heute darauf, andere zu kritisieren und sie verändern zu wollen. Ich schaue nur auf mich, was sich in mir wandeln möchte. Ich kann mir nur für heute vornehmen, einmal nicht über andere zu reden, sondern bei mir zu bleiben. Wenn es mich drängt, das zu tun, halte ich inne und stelle mir vor: Worüber ich so gerne reden möchte, ist eigentlich auch in mir. Der andere ist ein Spiegel, in dem ich meine eigene Wahrheit entdecke. Ich kann also heute versuchen, zum Beispiel meine Kinder nicht verändern zu wollen, sondern ihnen einen Raum anzubieten, in dem sie wachsen können, in dem sie immer mehr in die Gestalt verwandelt werden, die ihrem Wesen entspricht. Das Gleiche kann ich meinem Partner oder meiner Partnerin gegenüber versuchen und gegenüber den Mitarbeitern und Kollegen. Einen Tag lang kann ich es schaffen, nicht über andere zu reden. Wenn ich mir das grundsätzlich vornehmen würde, also für alle Zeiten, würde es mir bestimmt nicht gelingen. Dann würde ich mir resigniert sagen: Das klappt sowieso nicht. Also brauche ich es gar nicht zu versuchen. Doch diese Ausreden helfen uns nicht weiter. Wenn wir uns gerade heute eine Übung vornehmen, wird sich unser Leben langsam verwandeln, wir werden mehr in die Gestalt hineinwachsen, die Gott uns zugedacht hat.

Ein fünfter Schritt: Heute werde ich in der Gewissheit glücklich sein, dass ich für das Glück geschaffen bin. Jesus hat in den acht Seligpreisungen einen Weg zum Glück aufgezeigt. Augustinus meint: »Alle Menschen wollen glücklich sein.« Gott hat mich für das Glück geschaffen. Oft meine ich, der Weg dorthin sei schwierig. Doch wenn ich mir bewusst mache, dass mich Gott für das Glück geschaffen hat, bin ich offen dafür. Ich suche es nicht außerhalb von mir, sondern in mir. Wenn ich im Einklang bin mit mir selbst, dann bin ich glücklich. Ein wichtiger Weg zum Glück ist die Dankbarkeit. So versuche ich heute, dankbar auf jede Begegnung zu schauen, auf mein Leben, die Familie, in der ich mich geborgen fühle, auf die Freunde, die mich stützen, und auf alles, was Gott mir in meinem Leben geschenkt hat und immer wieder schenkt. Ich werde glücklich sein, wenn ich dankbar bin. Ich muss mir das Glück nicht erarbeiten. Gott hält es für mich bereit. Es genügt, wenn ich das angebotene Glück annehme. Wenn ich dankbar auf mein Leben schaue, dann erfahre ich mein Leben als ein großes Glück.

Ein sechster Schritt: Heute vollbringe ich eine gute Tat. Ich werde durch den Tag gehen und offen dafür sein, wo sich die Möglichkeit für eine gute Tat anbietet. Vielleicht ist es nur der freundliche Blick auf den Menschen, dem ich im Zug oder Bus begegne. Es gibt viele Gelegenheiten, etwas Gutes zu tun. Das muss nicht spektakulär sein. Aber wenn ich es mir nur für heute vornehme, werde ich sicher Gelegenheiten dazu finden. Wenn ich nichts tun kann für andere, dann kann ich immer noch für sie beten. Das ist auch eine gute Tat. Ich denke im Gebet beispielsweise an einen besonderen Menschen und vertraue darauf, dass Gottes Segen ihn durch mein Gebet erreicht und sein Leben verwandelt.

Ein siebter Schritt: Heute werde ich zehn Minuten meiner Zeit einem guten Buch widmen. Viele nehmen sich vor, wieder einmal ein gutes Buch zu lesen, finden aber einfach keinen Anfang oder haben das

Gefühl, dass sie nicht so viel Zeit erübrigen können, um sich hinzusetzen und zu lesen. Wenn ich mir aber vornehme, wenigstens zehn Minuten mit Lektüre zu verbringen, werde ich merken, dass ich in eine andere Welt eintauche und beim Lesen meine eigene innere Welt neu entdecke. So bereichert mich das Lesen. Ich nehme mir nicht vor, mein Leben zu ändern und die Ratschläge zu befolgen, die vielleicht in diesem Buch stehen. Ich gönne mir einfach, beim Lesen in eine andere Welt einzutauchen, eine Welt voller Weite und Liebe. Das tut mir gut. Das bewirkt schon eine Verwandlung in mir.

Ein achter Schritt: Heute werde ich keine Angst haben. Ich kann zwar die Angst nicht einfach durch eine Entscheidung überwinden. Sie wird immer wieder über mich kommen: die Angst vor dem Urteil anderer Menschen, vor Krankheit und vor dem Tod. Ich verdränge sie nicht. Aber heute gebe ich ihr einmal keinen Raum. Wenn ich sie in mir spüre, dann sage ich mir: Morgen werde ich mich ihr wieder stellen. Aber heute versuche ohne Angst vor dem Urteil der Menschen zu leben, ohne Angst vor der Zukunft und vor dem, was geschehen könnte, wenn ich im Fernsehen die Nachrichten über Krieg und Terror sehe. Ich versuche, mit Vertrauen in den Tag zu gehen, ich vertraue darauf, dass Gottes Segen mich immer und überall begleitet und mich einhüllt wie ein schützender Mantel. Wenn sich die Angst trotzdem in mir zu Wort meldet, werde ich sie Gott hinhalten mit der Bitte, dass seine heilende Liebe in meine Angst strömt. Dann relativiert sie sich. Und ich kann sie Gott übergeben, bis ich mich morgen wieder bewusst mit ihr auseinandersetze.

Ein neunter Schritt: Ich werde heute ein genaues Programm für mich aufstellen. Manche leben in den Tag hinein und ärgern sich am Abend, dass sie nichts geschafft haben, dass der Tag an ihnen vorbeigezogen ist, ohne dass sie das, was sie sich vorgenommen haben, erfüllt haben. Für diesen heutigen Tag mache ich mir einen genauen Plan: Ich teile die Stunden ein, in denen ich mich an den Schreibtisch setze oder etwas mit den Händen arbeite oder in denen ich aufgeschobene Telefonate führe. Trotzdem halte ich mich nicht krampfhaft an meinen Plan. Er gibt mir einen guten Rahmen. Viele machen sich Vorsätze und ärgern sich, wenn sie sie nicht erfüllen können – der Weg zur Hölle ist bekanntlich mit guten Vorsätzen gepflastert. Ein Plan ist aber kein Vorsatz. Es ist ein Trainingsprogramm. Und für den einen Tag kann ich so planen, dass es realistisch ist, mein Ziel auch zu erreichen. Die Verhaltenspsychologie sagt: Ob ich mein mir auferlegtes Programm erledige oder nicht, ist nicht Sache der Willensstärke, sondern eine Sache der Klugheit. Ich muss mir einen klugen Plan machen, den ich tatsächlich verwirklichen kann. Aber ich setze mich dann nicht unter Druck, sodass ich in Hetze gerate. Das Wort »Hetze« hat die gleiche Wurzel wie das Wort »Hass«: Wenn ich gehetzt bin, hasse ich mich selbst. Aber ich will mich nicht hassen, sondern gut und barmherzig mit mir umgehen. Ich möchte aber auch nicht unentschlossen sein. Unentschlossen bin ich dann, wenn ich mir zu viel vorgenommen habe und nicht weiß, wo ich anfangen soll. Ein unentschlossener Mensch tut gar nichts. Er beklagt sich nur darüber, dass sein Leben so schwer ist. Doch er packt es nicht an.

Und ein zehnter Schritt: Heute werde ich glauben, dass Gott für mich da ist, dass ich für Gott wichtig bin, dass ich ein einmaliges Bild bin, das er sich nur von mir gemacht hat. Und ich glaube daran, dass ich auf meine ganz persönliche Weise etwas von Gott ausdrücken kann, was nur durch mich zum Ausdruck kommen kann. Ich werde mir heute in jedem Augenblick bewusst machen, dass Gott jetzt gegenwärtig ist, dass seine liebende Gegenwart mich einhüllt und dass ich Kind Gottes bin, dass Gott sich um mich kümmert, so wie ein Vater oder eine Mutter für ihre Kinder sorgen und das Beste für sie wollen. Ich werde mir immer wieder das Wort vorsagen, das Gott in der Taufe gesprochen hat: »Du bist mein geliebter Sohn, meine geliebte Tochter. An dir habe ich Wohlgefallen.« Ich versuche daran zu glauben, dass Gott mich so liebt, wie ein Vater oder eine Mutter ihr Kind lieben. In diesem

Bewusstsein, dass ich von Gott bedingungslos geliebt werde, will ich heute durch den Tag gehen. Dann werde ich frei sein von dem Druck, bei allen Menschen beliebt sein zu müssen. Für einen Tag genieße ich diese Gewissheit, dass Gott für mich da ist, als gäbe es sonst niemanden in der Welt. Das klingt egoistisch. Aber es zeigt mir meine Würde. Und wenn ich an diese Würde glaube, an Gottes ganz persönliche Sorge für mich, dann werde ich auch mit anderen Augen auf die Menschen um mich herum schauen.

Am Ende dieses wunderbaren Textes fasst Johannes XXIII. die Gedanken noch einmal zusammen. Er will sich nicht durch den Gedanken entmutigen lassen, dass er alles, was er sich für heute vorgenommen hat, sein ganzes Leben lang durchhalten muss. Wir werden immer wieder in alte Fehler zurückfallen. Und wir werden nicht immer achtsam sein und achtsam auf andere reagieren. Das soll uns nicht entmutigen. Es genügt, wenn wir heute einen kleinen Schritt tun. Dann wandelt sich etwas in uns. Wenn wir uns für jeden Tag einen kleinen Schritt vornehmen, kommen wir auf unserem spirituellen Weg und auf unserem menschlichen Reifungsweg ein Stück weiter. Johannes XXIII. genügte das Wissen, dass Gott ihm an diesem Tag die Gnade gibt, das Gute während zwölf Stunden zu wirken. Er schaute nicht in die Zukunft, sondern nur auf das Heute. Dieser Blick auf das Heute ermöglicht es uns, achtsamer, bewusster und freundlicher zu leben, daran zu denken, dass wir in Gottes Gegenwart leben und dass diese Gegenwart uns guttut, uns ermutigt, heute gut zu leben. Zum Schluss ermahnt sich der Papst noch einmal selbst, dass er sich nicht zu viel vornehmen soll, dass es schon genügt, wenn er heute friedlich und ruhig nach dem Guten sucht, ohne Übertreibung, vielmehr geduldig und gelassen.

Diese Sicht von Papst Johannes XXIII. tut uns allen gut. Die Gelassenheit und der Optimismus, die aus diesem Text sprechen, haben die Menschen schon zu seinen Lebzeiten beeindruckt. Nicht umsonst hatte er gerade wegen seines gütigen und humorvollen und zugleich demütigen Wesens den Spitznamen *il papa buono* – der gute Papst.

Vor seiner Wahl zum Papst hatte er als Nuntius schwere Zeiten durchgemacht. Man versetzte ihn auf Stellen, wo er sich abgeschoben fühlte. Doch er verbitterte nicht, sondern machte jeweils das Beste aus seiner Aufgabe. Er vermittelte zwischen Konfliktparteien, weil er an das Gute in jedem Menschen glaubte. Trotz der Verletzungen, die er durch die römische Kurie erlebt hatte, war er zu dem demütigen und gütigen Menschen geworden, der Menschen in der ganzen Welt berührte durch seine Ausstrahlung. Letztlich ist er sogar an die Spitze der Kirche gewählt worden. Zunächst schien es, als sei er nur für eine Übergangszeit in diesem Amt, denn er war zum Zeitpunkt der Wahl schon Ende siebzig. Zudem traute man ihm nichts zu. Doch am Ende hat er wie kaum ein anderer die Kirche verwandelt. Sein Ruf nach Aggiornamento, dem »Verheutigen« der Kirche, verbunden mit seiner Aufforderung, die Fenster zu öffnen und neuen Geist hineinströmen zu lassen, führen am Ende dazu, dass er das sogenannte Zweite Vatikanische Konzil ausrief. Es hat die Kirche verwandelt und erneuert wie kaum ein anderes Ereignis in der Kirchengeschichte.

Die Methode von Papst Johannes XXIII. möchte ich nun weiterführen, indem ich die heutigen Probleme bedenke und die kleinen Schritte beschreibe, die wir angesichts der Klimakrise, der gesundheitlichen Gefährdungen durch Pandemien und des Krieges überall auf der Welt gehen können. Dabei geht es mir darum, die Probleme einzeln anzuschauen und zu überlegen: Was kann ich selbst bewirken? Und was wären kleine Schritte, die ich tun kann? Wenn es zum Beispiel um die gestiegenen Energiepreise geht, kann ich überlegen, ob ich weniger und mit geringerer Raumtemperatur heizen kann. Ich merke dann, das Problem lässt sich nicht sofort lösen, aber es lässt sich mindern. Und ich habe so die begründete Hoffnung, die Energiekosten in den Griff zu bekommen.

Die kleinen Schritte sollten immer auch kreative Schritte sein. Sie brauchen aber innere Freiheit. Es tut mir nicht gut, wenn ich mich nur von moralischen Appellen zur Veränderung oder zum eigenen Handeln treiben lasse. Das macht mir eher ein schlechtes Gewissen und lädt mir Schuldgefühle auf. Wenn ich nur auf meine Schuldgefühle reagiere, habe ich weniger Energie und weniger Lust, etwas zu tun. Kreative Reaktionen sind dagegen immer auch spielerisch, die mir Lust machen, beispielsweise auf die Herausforderungen durch die Klimakrise zu reagieren. Ich überlege mir: Welche Ideen tauchen in mir auf, wenn ich mich einfach still hinsetze und mir meine Energiesituation in meinem Haus und beim sonstigen Verbrauch im Verkehr usw. anschaue? Dann kann ich schauen, welchen Schritt ich zuerst ausprobiere, zum Beispiel könnte die ich Raumtemperatur senken und mich zu Hause wärmer anziehen. Es ist ja auch gemütlich, mit einem dicken Pullover am Schreibtisch zu sitzen. Dann kann ich mir überlegen, ob jedes Zimmer in gleicher Weise geheizt werden muss. Eine andere Überlegung wäre: Wo geht im Haus am meisten Wärme verloren? Sind die Fenster dicht genug? Ich könnte ein neues, gut isolierendes Fenster einbauen lassen in dem Raum, der am meisten geheizt wird. Ich muss nicht sofort mein ganzes Haus wärmedämmen lassen, wenn ich das Geld dazu nicht habe. Auch mit begrenzten finanziellen Mitteln kann ich mir Schritte überlegen, wie ich Energie sparen kann. Diese Maßnahmen sind nicht nur eine effektive Antwort auf meine finanzielle Situation angesichts der gestiegenen Energiepreise, sondern auch ein erster Beitrag zum Thema Klimawandel. Natürlich kann ich durch das Einsparen der Energie in meinem Haus den Klimawandel nicht aufhalten oder verhindern. Da spielen andere Faktoren wie die Abholzung tropischer Wälder und der ungebremste Energieverbrauch in Industrie und Verkehr eine viel stärkere Rolle. Doch wenn ich angesichts der geringen Wirkung meines Energiesparens lieber nichts tue und stattdessen von anderen fordere, sie sollten damit beginnen, werde ich bitter oder lasse mich lähmen. Jeder kann selbst kleine Schritte tun. Sie helfen nicht nur tatsächlich gegen die Erderwärmung, sondern geben einem zudem das Gefühl von Selbstwirksamkeit und die Gewissheit, selbst einen konkreten Beitrag geleistet zu haben.

Viele reagierten mit großer Angst auf die Pandemie, die unsere Welt in den letzten beiden Jahren gefangen hielt. Aber Angst lähmt. Ich muss sie als Herausforderung sehen, etwas anzupacken, kreativ auf die Situation zu antworten. Viele sind durch die Pandemie so verunsichert, dass sie sich völlig zurückziehen. Sie haben Angst, dass ähnliche Krankheiten in Zukunft die Menschheit weiter heimsuchen. Natürlich haben wir keine Garantie, dass dies nicht geschieht. Aber wenn wir nur auf die mögliche Gefahr starren wie das Kaninchen auf die Schlange, lähmen wir uns damit und steigern wir die Angst in uns. Ich kann mir auch in Bezug auf dieses Thema überlegen, welche kleinen Schritte sinnvoll sind. Meine Gesundheit kann mir niemand garantieren, auch ich selbst nicht. Aber ich kann einzelne Schritte tun, die sie stärken. Ich kann zum Beispiel damit beginnen, mich gesund zu ernähren. Allerdings braucht es dazu auch Gelassenheit und keinen Rigorismus. Wer absolut gesund leben will, schadet oft genug seiner Gesundheit. Zudem braucht es genügend Bewegung, aber auch genügend Ruhe und Stille, um mit den inneren spirituellen Ressourcen in mir in Berührung zu kommen. Ich kann mir darüber hinaus überlegen, was meine »gesundheitliche Achillesferse« ist, wo ich also am verletzlichsten und am verwundbarsten bin. Wenn ich mich zum Beispiel leicht erkälte, dann nehme ich mir vor, häufiger einen Schal zu tragen, wenn es kalt ist. Wenn es kalte oder nasse Füße sind, die mir zu schaffen machen, dann sorge ich für gute Schuhe oder warme Socken. Bei mir waren es immer die Nieren. Ich hatte häufig eine Nierenbeckenentzündung und schließlich Nierenkrebs bekommen. Seitdem die eine Niere entfernt wurde, trinke ich viel und achte darauf, dass ich mich warmhalte und mich nicht auf kalte Steine oder eine zu kalte Bank setze.

Bei diesen kleinen Schritten geht es immer darum, auf das rechte Maß zu achten. Benedikt nennt die weise

Mäßigung die »Mutter aller Tugenden«. Viele Menschen versuchen heute, sich auf verschiedenste Weise zu informieren und stoßen dann auf so unterschiedliche Angebote und Ratschläge, dass sie gar nicht mehr wissen, was sie tun und wo sie anfangen sollen. Viel besser ist es, ein Problem anzugehen, und zwar mit einer Methode, die man verstanden hat, die einem einleuchtet. Andere stressen sich mit zu vielen gesundheitlichen Maßnahmen, sodass sie sich nicht mehr am Leben erfreuen können. Die Freude am Leben ist aber gerade eine der wichtigsten Ressourcen, um die eigene Gesundheit zu fördern.

Keiner kann allein einen Krieg beenden. Viele fühlen sich deshalb ohnmächtig und steigern sich in die Angst hinein, der Krieg könnte auch vor ihrer Haustür stattfinden. Dennoch sind wir dem nicht einfach machtlos ausgesetzt. Wir können auch in dieser Hinsicht kleine Schritte gehen. Wir können dafür beten, dass Gott den Mächtigen und Kriegstreibern in dieser Welt Gedanken des Friedens eingibt oder die Situation in den jeweiligen Ländern so verwandelt, dass sich die friedensbereiten Kräfte durchsetzen. Solange wir beten, haben wir die Hoffnung, dass Gott etwas in dieser Welt bewirkt, das zum Frieden führen wird. Manche meinen, das Beten sei ein Alibi, um nichts tun zu müssen. Aber wenn wir gemeinsam beten, schaffen wir mitten in dieser von Angst geprägten Atmosphäre einen Raum der Hoffnung. Das Beten regt uns zudem dazu an, das zu tun, was für uns möglich ist, etwa Flüchtlinge aufzunehmen oder für die betroffenen Menschen zu spenden.

Viele Menschen stehen im privaten Bereich vor Herausforderungen. Da ist die alte Mutter oder der alte Vater krank oder pflegebedürftig. Oder der Sohn oder die Tochter leiden unter Depressionen, neigen dem Alkohol zu, haben Schwierigkeiten im Umgang mit anderen Menschen. Manche fühlen sich dann erdrückt von ihren Problemen. Auch hier gilt: Eins nach dem anderen, mit kleinen Schritten beginnen, auf die Probleme zu reagieren, mit kleinen Schritten starten, um den Berg zu besteigen. Sobald wir einen Fuß vor den anderen setzen, sehen wir eine überschaubare Strecke vor uns und gelangen so schließlich ans Ziel. Wir müssen weder alle Probleme auf einmal lösen, noch müssen wir alles gleichzeitig tun. Wir können uns auf die kleinen Schritte beschränken, die wir heute tun wollen. Dann schauen wir nicht auf den Berg, der sich vor uns türmt, und überlegen nicht, ob wir jeden Berg wirklich besteigen wollen. Wenn beispielsweise der Partner alkoholkrank ist, kann ich nicht für ihn auf den Berg steigen, den er selbst erklimmen müsste. Er muss die Entziehungskur machen und für sich Verantwortung übernehmen. Ich bin nicht für alles verantwortlich. Ich gehe nur kleine Schritte, die weiterführen, aber ich vermeide es, im Kreis zu gehen, ohne jemals aus diesem Teufelskreis herauszukommen.

Die Kunst der kleinen Schritte kann man in vielen Situationen anwenden und üben. Ich möchte nur einige benennen. Wenn man vor einer Prüfung steht, überfällt einen oft das Gefühl, dass man vor einem hohen Berg steht. Man weiß nicht, wo man anfangen soll mit dem Lernen, und lässt es dann am Ende gleich bleiben oder verzweifelt an der Fülle des Stoffs. Dann ist es klug, Schritt für Schritt zu tun, indem man jeden Tag ein kleines Pensum durcharbeitet. Dann kommt man dem Ziel mit mehr Ruhe näher, als wenn man sich unter Druck setzt. Denn unter Druck kann man nicht effektiv arbeiten.

Manchmal geraten wir in Panik, weil wir mit den vielen Mails und Nachrichten überfordert sind und nicht mehr wissen, wie wir sie alle beantworten sollen. Der Berg an unerledigten Dingen auf dem Schreibtisch wird immer größer. Auch da hilft die Kunst der kleinen Schritte. Ich selbst erledige beispielweise in der ersten Stunde meiner Arbeitszeit immer einen Teil der liegengebliebenen Korrespondenzen und sonstigen Anfragen. Dann merke ich, wie der Berg immer kleiner wird, auch wenn es einige Tage dauert.

Ein Religionslehrer erzählte mir, dass er einfach nicht dazu kommt, sein Arbeitszimmer aufzuräumen. Die Stapel von Arbeitsmaterialien, die er gesammelt hat, werden immer höher. Er kommt kaum noch an seinen Schreibtisch, weil das ganze Zimmer vollgestellt ist, findet aber einfach keinen Weg, den Freiraum zu schaffen, den er für ein gedeihliches Arbeiten braucht. Wenn er dennoch anfängt, etwas aufzuräumen, lässt er es schnell wieder sein, weil er das Gefühl hat, dass es vergeblich ist angesichts der Menge an Unterlagen. Es fällt ihm aber auch schwer, das Gesammelte wegzuwerfen, weil er denkt, dass er die Materialien, die er für den Unterricht erarbeitet hat, irgendwann noch einmal brauchen kann. Wenn er jedoch nüchtern darüber nachdenkt, spürt er, dass dies nicht der Fall sein wird. Auch da wäre es gut, jeden Tag eine Ecke des Zimmers aufzuräumen. Wenn er es nicht selbst schafft, kann er sich jemanden dazunehmen, der ihm hilft, einen Plan aufzustellen, um gemeinsam täglich eine Stunde aufzuräumen. Dann wird sein Tun sicher bald von Erfolg gekrönt sein.

In Gesprächen mit Menschen, die ich begleite, höre ich oft: »Ich habe so viele Baustellen. Ich weiß gar nicht, wo ich anfangen soll.« Dann ermutige ich mein Gegenüber, eine einzige Baustelle ins Auge zu fassen und daran zu arbeiten, während er die übrigen erst einmal sein lässt. Ist ein Problem gelöst, kann man sich getrost dem nächsten zuwenden. Wenn man jedoch auf alle

Baustellen gleichzeitig schaut, wird man keine wirklich angehen oder zu Ende bearbeiten. Es ist gut, sich auf ein Problem zu konzentrieren und sich zu überlegen, welche Schritte man gehen kann, um es zu lösen, sonst fühlt man sich schnell gelähmt und geht keines der Probleme an. Dann ärgert man sich, dass nichts vorangeht.

Das gilt auch für finanzielle Sorgen. Wenn man hohe Schulden hat, fühlt man sich häufig erdrückt davon, man weiß weder ein noch aus. In einer solchen Situation ist es wichtig, mit kühlem Kopf zu rechnen und sich zu überlegen: Wie kann ich Schritt für Schritt die Schulden abbauen? Wer kann mir vielleicht dabei helfen, eine Strategie zu entwerfen, wen kann ich um Rat fragen, wo finde ich Hilfe? Auch hier gilt: Wer sein Problem mit einem Mal lösen möchte, fühlt sich häufig wie gelähmt und steckt stattdessen sprichwörtlich den Kopf in den Sand, was einen immer tiefer in die Schuldenfalle bringt. Kleine Schritte bringen einen dagegen dem Ziel viel eher näher.

Die Kunst der kleinen Schritte kann auch depressiven Menschen eine Hilfe sein. Häufig fehlt ihnen morgens die Kraft, aufzustehen. Sie haben Angst vor dem Tag, vor den Begegnungen mit anderen. So bleiben sie im Bett liegen oder verkriechen sich vor anderen. Je länger dieser Zustand andauert, desto kraftloser fühlen sie sich. Da kann es eine Hilfe sein, sich zu sagen: Nur für heute bleibe ich nicht liegen. Heute stehe ich auf und versuche, mich den täglichen Herausforderungen zu stellen. Nur den heutigen Tag muss ich bestehen. Ich habe so viel Kraft in mir, dass ich diesen Tag bewältigen kann. Ich kenne eine Frau, die immer wieder an Depressionen leidet. Ihr hilft es manchmal – nicht immer –, sich morgens zu sagen: Heute entscheide ich mich für das Leben. Eine andere Frau erzählte mir, dass ihr die Therapie anfangs gar nicht weitergeholfen habe. Erst als der Therapeut mit ihr ein Morgenritual eingeübt hatte, konnte sie besser mit ihrer Depression umgehen. Das Morgenritual war wie ein Halt, an dem sie sich festklammern konnte, mitten in der Haltlosigkeit depressiver Gefühle.

Ähnlich ist es bei Menschen, die unter chronischen Schmerzen leiden. Viele möchten am liebsten vor den Schmerzen, die einfach nicht weggehen, fliehen, indem sie liegen bleiben, wenn sie morgens erwachen. Es ist nicht leicht, das auszuhalten und zu erkennen, dass keine Therapie und keine Medizin geholfen hat, um sie zu lindern. Und die Vorstellung, dass diese Schmerzen sie ihr ganzes Leben lang begleiten werden, kann einen entmutigen und auch erschrecken. In einer solchen Situation die Kunst der kleinen Schritte zu üben, wäre, sich selbst zuzusprechen: »Heute werde ich versuchen, freundlich und nicht bitter auf meine Schmerzen zu reagieren. Heute versuche ich, die Schmerzen als

Herausforderung zu nehmen, mit dem inneren Raum auf dem Grund meiner Seele in Berührung zu kommen, zu dem die Schmerzen keinen Zutritt haben.« Das wird nicht so leicht gelingen. Viele haben den Eindruck, dass die Schmerzen den ganzen Leib beherrschen. Aber die Vorstellung, durch die Schmerzen hindurchzugehen und in den inneren Raum der Stille, in das innere Heiligtum zu gelangen, vermittelt vielen die Ahnung, dass der Schmerz sie nicht total beherrscht, sondern dass da ein Freiraum in ihnen ist, der davon nicht bestimmt wird.

Andere Menschen leiden unter Zwängen, die ihnen oft nicht nur das Leben schwer machen, sondern sie geradezu daran hindern. Nicht selten führen Zwänge zum Verlust aller sozialen Kontakte und häufig auch des Arbeitsplatzes. Zwänge können wir ebenfalls nicht einfach negieren. Es braucht oft eine lange Therapie, bis man sich davon befreien kann. Aber auch hier könnte es helfen, sich selbst zuzusprechen: Heute werde ich nur einmal kontrollieren, ob die Haustür abgeschlossen ist. Heute versuche ich, Gott zu vertrauen, dass er mich beschützt, dass er das Haus beschützt, dass er mich vor einem Unfall bewahrt. Wenn wir für einen Tag unsere depressiven oder zwanghaften Muster durchbrechen, dürfen wir darauf vertrauen, dass wir dadurch eine Bresche schlagen in unsere Verhaltensweisen.

Die Wüstenväter, die im 3. Jahrhundert nach Christus in der Ägyptischen Wüste lebten, hatten eine ähnliche Methode wie die der kleinen Schritte. So wird erzählt, dass Abbas Theodor und Abbas Lukios fünfzig Jahre lang zu Beginn jedes Winters sagten: »Nach diesem Winter gehen wir von hier fort.« Wenn es dann Sommer wurde, sagten sie: »Nach diesem Sommer wandern wir von hier aus.« Und auf diese Weise blieben sie doch all die Zeit dort (nach Apophthegmata Patrum 298). Die beiden Mönche konnten sich nicht dazu entschließen, immer am gleichen Ort in ihrer Mönchszelle auszuhalten. Oft hatten sie den Gedanken, dass sie gerne an einen anderen Ort gehen würden, weil es dort besser wäre. Sie vertrieben den Gedanken nicht, aber sie gingen spielerisch mit ihm um.

Man könnte ihrem Beispiel folgen und sich beispielsweise sagen: »Ich halte es nicht aus an diesem Ort, in dieser Familie, in diesem Unternehmen. Ja, morgen oder im Sommer gehe ich fort, suche mir eine andere Arbeit, verlasse ich die Familie.« Natürlich kann es manchmal legitim sein, das Unternehmen zu wechseln oder sich zu trennen. Aber oft steckt dahinter auch nur die Angst, dass ich es nicht aushalte. Wenn ich mir dann sage: Nur heute oder nur diesen Monat oder diesen Winter bleibe ich, dann verlieren die Gedanken langsam an Kraft. Bei den beiden Wüstenvätern kamen die Gedanken immer wieder. Aber sie »trieben

Spott mit dem Gedanken«, wie es in den »Erzählungen der Väter« heißt, indem sie ihn zwar zuließen, aber ihn immer auf später verschoben. So hielten sie es ihr Leben lang durch. Allein die Vorstellung, dass man auch gehen könnte, gibt einem die innere Freiheit. Ich bin dann frei, wegzugehen. Ich erlaube es mir, wegzugehen. Aber manchmal führt diese innere Freiheit dann auch dazu, dass ich bleiben kann.

Jeder kann seine eigene Methode entwickeln, die »Kunst der kleinen Schritte« von Papst Johannes XXIII. in seinem Leben zu verwirklichen. Es braucht dazu Kreativität und die Entdeckungsfreude eines Kindes. Dann werden wir nicht unter der Last des Lebens stöhnen, sondern spielerisch damit umgehen und uns trotzdem unseres Lebens freuen.

Kreativ auf die Situation in der Welt reagieren

Wie wir oben schon gesehen haben, fühlen sich viele Menschen angesichts der momentanen Weltlage ohnmächtig und gelähmt. Sie spüren, dass sie die vielen gewalttätig ausgetragenen Konflikte nicht beenden können, dass sie ohnmächtig vor dem Leid stehen, das sie verursachen. Ebenso ohnmächtig fühlen sie sich gegenüber den Problemen, die der Klimawandel auf der ganzen Erde mit sich bringt. Sie fühlen sich als Opfer ihrer Ohnmacht. Doch wenn wir in der Opferrolle bleiben, werden wir aggressiv und unzufrieden. Wir schieben dann alle Schuld den Politikern und Wirtschaftstreibenden zu, meinen, sie würden nichts für den Umweltschutz und den Frieden in der Welt tun und übersehen, wie viele Politiker sich ehrlich für den Schutz der Umwelt einsetzen und wie viele Firmen große Anstrengungen unternehmen, Energie einzusparen und die Ressourcen dieser Erde zu schonen und wie viele Forscher sich darum bemühen, Lösungen für die Energiekrise zu finden.

Wenn wir in der Opferrolle bleiben, schwächen wir uns selbst. Wir bedauern uns oder aber wir werden aggressiv und übersehen all das, was trotz aller Schwierigkeiten auch an Gutem geschieht und verwirklicht wird. Wir zelebrieren dann unsere Opferrolle in der Öffentlichkeit und stellen uns dabei selbst dar, stellen uns über die anderen und klagen jene an, die nichts unternehmen. Wir vermitteln ihnen ein schlechtes Gewissen, doch wir selbst fühlen uns rein und untadelig. Wir übersehen dabei, dass wir bei der Anklage stehen bleiben.

Auch während der Pandemie fühlten sich viele als Opfer, entweder des Virus oder des öffentlichen Drucks, sich impfen zu lassen. Auch hier suchte man die Schuld entweder bei den Politikern oder bei den Ärzten, die angeblich falsche Informationen in die Welt setzten. Wenn man sich nur auf die Suche nach den Schuldigen macht, geht man davon aus, dass das, was einem widerfahren ist, nicht sein kann und nicht sein darf und dass man es hätte verhindern können. Nur weil dieser oder jener Politiker das nicht wollte oder sich nicht genug angestrengt hat, ist es trotzdem geschehen. Doch das ist ein zu einfacher Blick auf die Welt. Wir legen uns die Wirklichkeit so zurecht, wie es uns am besten passt, ohne in ehrlicher Selbsterkenntnis unseren eigenen Anteil an den Problemen dieser Welt zu sehen.

Anstatt in der Opferrolle zu bleiben und anderen die Schuld in die Schuhe zu schieben, sollten wir kreativ auf die Situation reagieren. Wenn wir das tun, dann bekommt unsere Reaktion etwas Leichtes und Spielerisches. Sie wird nicht so hart und aggressiv gegenüber anderen. Und es geht uns auch selbst besser damit, weil wir uns nicht mehr ohnmächtig und nicht mehr als Opfer fühlen. Wir stellen uns damit aber auch nicht über andere, die anders leben als wir selbst. Wir verurteilen sie nicht. Mit Anklagen und Verurteilen bewirke ich nichts in der Welt. Es geht darum, die Menschen mit meinen kreativen Gedanken und meinem kreativen Lebensstil anzustecken. Wenn ich andere inspiriere mit meinen Ideen, bewirke ich mehr als mit ihrer Verurteilung.

Es geht nicht nur darum, in Bezug auf die großen globalen Problemfelder kreativ zu reagieren, vielmehr kann man das schon in alltäglichen Situationen üben. Da ist ein Mann, der nur widerwillig zur Arbeit geht, weil er das Gefühl hat, sein Vorgesetzter vergifte das Klima in der Firma und agiere seine Minderwertigkeitskomplexe an den Mitarbeitern aus. Der Mann fühlt sich als Opfer dieses tyrannischen Vorgesetzten. Doch wenn er in dieser Opferrolle täglich zur Arbeit geht, wird er selbst immer schwächer und vielleicht auch kränker. Er kann seinen Chef nicht einfach ändern. Aber er kann kreativ auf ihn reagieren, indem er ihm zum Beispiel keine

Macht über ihn und das Klima im Unternehmen gibt, sondern sich morgens darauf freut, mit den zwei oder drei Mitarbeitern oder Mitarbeiterinnen, mit denen er sich gut versteht, zusammenzutreffen. Er richtet seine Aufmerksamkeit auf die Menschen, mit denen er gerne zusammenarbeitet. Dann bekommt die Arbeit einen anderen Geschmack. Er achtet weniger auf den Chef und bleibt ihm gegenüber in der Beobachterrolle, aber er lässt dessen verletzende Bemerkungen nicht in sich eindringen. Er beobachtet, aber er spielt die Rolle nicht mit, die ihm sein Vorgesetzter aufdrängen will, nämlich die des Gekränkten oder Ängstlichen. Er bleibt bei sich. Natürlich hat auch das Grenzen. Wenn das Verhalten des Chefs zu toxisch ist, ist es wichtig, sich einen neuen Arbeitsplatz zu suchen. Das ist jedoch nicht immer möglich. Aber selbst dann ist man nicht hilflos ausgeliefert. Es gibt immer einen Spielraum, den man selbst gestalten kann.

Manche fühlen sich erdrückt von der Last, die auf sie zukommt, wenn die Eltern älter und schwächer werden und vielleicht Pflege brauchen. Für manche ist das wie ein Damoklesschwert, das über ihrem Leben hängt. Aber es kann natürlich auch sein, dass die Eltern bis ins hohe Alter selbstständig bleiben und allein leben können. Und man kann verschiedene Szenarien entwerfen und überlegen, wie man dann jeweils kreativ darauf reagiert. Mein Vater starb beispielsweise sehr plötzlich und brauchte daher keine Pflege. Meine Mutter lebte weiter ihr eigenes Leben, bis sie eineinhalb Jahre vor ihrem Tod einen Oberschenkelhalsbruch erlitt. Dann brauchte sie Hilfe, zunächst aber auch keine durchgängige Pflege. Das war erst in den letzten Wochen der Fall. Meine Geschwister konnten das miteinander so organisieren, dass niemand überfordert war. Das ist nicht für alle Menschen eine Lösung, denn wenn man keine Geschwister oder nähere Verwandte hat, ist man auf sich gestellt mit diesem Problem. Dennoch gibt es heute vielerlei Möglichkeiten, sich Hilfe zu holen oder sich zumindest zu informieren, wie man die Eltern oder andere hilfsbedürftige Verwandte unterstützen kann oder wo man Betreuung findet.

Die Kunst der kleinen Schritte und die Fähigkeit, kreativ auf die Probleme dieser Welt und auf die konkreten Probleme im Alltag zu reagieren, haben drei Grundvoraussetzungen: Selbstvertrauen, Vertrauen in Gott und Vertrauen zu den Menschen, das immer auch Vertrauen ins Leben ist. So möchte ich im Folgenden auf diese Voraussetzungen näher eingehen. Sie bedingen sich gegenseitig und hängen voneinander ab.

Mir selbst vertrauen

In vielen Begleitungsgesprächen, die ich führe, beklagen sich Menschen darüber, dass sie kein Selbstvertrauen haben. Sie können nicht zu sich stehen und trauen sich nicht, sich anderen gegenüber so zu zeigen, wie sie sind. Sie haben Angst, vor einer Gruppe zu sprechen. Es könnte ja sein, dass sie sich blamieren, dass sie sich nicht richtig oder unklar ausdrücken. Das könnten sie sich selbst nicht verzeihen. Sie sind neidisch auf jene, die nach außen hin so selbstsicher auftreten. Viele machen sich ständig darüber Gedanken, was andere von ihnen denken und dass sie von ihnen abgelehnt werden könnten. Sie haben Angst, andere könnten den Eindruck haben, dass sie selbst nicht ganz normal seien. Sie sind nicht bei sich, sondern immer bei den anderen. Sie fühlen sich überall beobachtet und beurteilt.

Wenn ich mit diesen Menschen darüber ins Gespräch komme, was denn der Grund für das mangelnde Selbstvertrauen sein könnte, finden wir diesen meist in den Botschaften, die sie als Kinder gehört haben: »Du bist zu langsam. Du bist nicht richtig. Du bist dumm. Die anderen sind viel gescheiter. Wie schaust du heute wieder aus! So kannst du doch nicht unter die Leute gehen!« Solche Botschaften verunsichern. Und viele verinnerlichen diese Urteile. Sie beurteilen sich selbst negativ, beobachten sich und kreisen in Gedanken ständig um sich und ihre Fehler. Deshalb glauben sie auch, dass alle anderen sie ständig beobachten und sich über sie Gedanken machen.

Andere haben wenig Selbstvertrauen, weil sie als Kinder keine verlässliche Bindung erfahren haben. Die Mutter war vielleicht selbst ängstlich und konnte dem Kind das nötige Urvertrauen nicht vermitteln. Der Vater war vielleicht abwesend und fehlte dem Kind als Identifikationsfigur und als Halt. Und wenn Eltern ihr Kind ständig unter Druck gesetzt haben, mehr zu leisten, und ihm zugleich vermittelten, dass es nicht gut genug ist, dann kann man wenig Selbstvertrauen entwickeln. Oft vergleichen Eltern ihre Kinder mit denen anderer und vermitteln ihnen so, dass sie nicht gut genug sind. Diese Verunsicherung hält an, sodass sie sich auch als Erwachsene mit dem Selbstvertrauen schwertun. Ein anderer Grund für den Mangel an Selbstvertrauen sind ständige Konflikte zwischen den Eltern. Sie führen zu der Angst, kein tragfähiges Netz mehr zu haben. Oft werden die Kinder dann von den Eltern benutzt, ihre Konflikte zu lösen oder zwischen den Eltern zu vermitteln. Und die Kinder spüren, dass alle Versuche misslingen. Solche Menschen haben später Angst vor Konflikten und weichen ihnen möglichst aus. Denn jeder Konflikt ist für sie bedrohlich, weil er ihnen den Boden unter den Füßen wegzieht und sie mit ihrer Ohnmacht konfrontiert: Ich kann dieses Problem nicht lösen. Daher ist es verständlich, dass ihnen jeder Konflikt Energie raubt. So versuchen sie, sich zurückzuziehen. Doch dieser ausweichende Rückzug schwächt sie immer mehr in ihrem Selbstvertrauen.

Den Mangel an Selbstvertrauen kann man nicht durch ein Gespräch beheben. Aber trotzdem ist man all dem nicht einfach ausgeliefert. Der erste Weg, mehr Selbstvertrauen zu erlangen, besteht darin, sich selbst zu spüren und wenigstens zu versuchen, aufzuhören, sich mit anderen zu vergleichen. Wenn trotzdem solche Gedanken in mir auftauchen – ich kann sie ja kaum daran hindern, dass sie kommen –, dann ärgere ich mich nicht darüber, sondern nehme sie als Einladung, mir zu sagen: »Das ist deren Problem, was sie von mir denken. Wenn sie Lust haben, dürfen sie ruhig über mich nachdenken. Aber das sind ihre Gedanken. Die gehen mich nichts an.« Das ist nicht immer so einfach, denn die Gedanken lassen sich nur schwer abstellen und das Abwehren der Gedanken mit eigenen Gedanken bleibt ein ständiger Kampf. Hilfreicher ist es, sich in seinem Leib zu spüren. Wenn solche Gedanken kommen, versuche ich bei mir zu sein. Eine Hilfe kann es sein, sich zu berühren, entweder die Hände ineinander oder eine Hand aufs Herz zu legen. Dann genieße ich es, bei mir zu sein. Ich spüre mich. Und ich erlaube mir, dass ich sein darf, wie ich bin. Ich muss gar nicht selbstsicher sein und auch nichts Intelligentes von mir geben. Wenn ich Lust habe, dann sage ich etwas. Wenn mir nichts in den Sinn kommt, dann sitze ich einfach da und bin bei mir. Das genügt.

Eine Frau schrieb mir neulich, sie ärgere sich darüber, dass sie leicht rot wird, wenn sie angesprochen wird oder vor anderen etwas sagen muss. Sie ist so fixiert darauf, dass sie rot werden könnte, dass sie meistens lieber schweigt. Sie ist blockiert. Je mehr sie das Rotwerden vermeiden will, desto schwieriger wird das. Sie hat viel Geld für eine Therapie ausgegeben, aber es hat ihr nicht geholfen. Ich habe ihr geschrieben, dass sie sich zunächst einmal erlauben solle, dass sie rot wird. Gefühle dürfen sein und dürfen sich auch nach außen hin zeigen. Sie machen uns sympathisch. Sie hat das Gefühl, dass das Rotwerden sie aus der Gruppe ausschließe. In Wirklichkeit macht es sie menschlich und sympathisch. Ich sollte also versuchen, meine vermeintliche Schwäche in einem anderen Licht zu sehen. Wenn ich sie mir erlaube, dann wird sie mich nicht mehr im Griff haben. Schlimm ist nur die Angst vor der Angst, die Fixierung auf das Rotwerden. Dann entsteht ein Teufelskreis, aus dem man kaum mehr ausbrechen kann. Wenn ich mir jedoch erlaube, dass ich meine Gefühle ausdrücke, dann spüre ich mich selbst, sobald ich rot werde. Ich sage mir: »Ja, es ist gut, Gefühle zu haben. Ich reagiere auf die Menschen. Und das ist gut so.«

Das klingt so einfach. Aber es verlangt zuerst ein schmerzliches Abschiednehmen von der Illusion, dass ich immer sicher bin und cool, dass ich meine Gefühle verbergen, dass ich mein Selbst vor den Menschen verstecken kann. Wenn ich Abschied nehme von diesem unrealistischen Selbstbild, dann wächst gleichzeitig mein Selbstvertrauen. Ich erlaube mir, zu sein, wie ich bin. Das ist die Voraussetzung, dass ich wachsen und sicherer werden kann. Ich muss das Scheitern meiner Versuche betrauern, das Rotwerden zu vermeiden. Wenn ich betrauere, dass ich nicht so bin, wie ich in meiner Vorstellung gerne sein möchte, komme ich zu meinen wirklichen Möglichkeiten und Fähigkeiten. Dann entdecke ich meine ureigensten Stärken.

Auf dem Weg zu mehr Selbstvertrauen gilt auch die Methode der kleinen Schritte. Ich traue sie mir einfach zu. Wenn ich Angst habe, in einer Gruppe zu sprechen, dann sage ich mir: Beim nächsten Mal versuche ich es einfach mal mit einer einzelnen Wortmeldung. Oder wenn ich befürchte, eine Aufgabe nicht zu schaffen, dann sage ich mir: Heute versuche ich einmal den ersten

Schritt zu gehen und damit zu beginnen. Die Verhaltenspsychologie lehrt uns, dass wir uns den Situationen, vor denen wir Angst haben, stellen sollten, indem wir es einfach versuchen. Es macht auch nichts, wenn es mir nicht gelingt. Dann versuche ich es eben beim nächsten Mal noch einmal. Manchmal kann es helfen, wenn ein Freund oder eine Freundin mitgeht und mir Sicherheit gibt, damit ich zum Beispiel die Fahrt mit dem Auto durch einen langen Tunnel schaffe oder es mir gelingt, in den Aufzug zu steigen. Wenn ich etwas ausprobiere, vor dem ich mich fürchte, und es dann schaffe, kann mein Selbstvertrauen langsam wachsen.

Wer wenig Selbstvertrauen hat, kann nicht gut zu sich selbst stehen. Ein solches Stehvermögen kann ich aber nicht nur erlangen, indem ich mich in Situationen bewähre, vor denen ich mich fürchte. Ich kann auch einige mentale Übungen vollziehen, die mir dabei helfen. Ich stelle mir zum Beispiel vor, dass ich wie ein Baum dastehe und meine Wurzeln tief in die Erde eingrabe, damit ich einen festen Halt habe. Die Vorstellung vom Baum gibt mir Mut, zu mir zu stehen. Und ich kann es körperlich einüben. Manchmal hilft es, im Wald einen Baum zu umarmen und so eine Zeit lang dazustehen. Dann spüre ich etwas von der Standfestigkeit des Baumes und erfahre, wie gut es tut, zu sich zu stehen, etwas durchzustehen, so wie der Baum alle Stürme durchsteht.

Der zweite Punkt, der beim Stehen wichtig ist, ist die eigene Mitte. Die Japaner sprechen in diesem Zusammenhang von Hara und meinen damit den Unterbauch. Da ist unser Zentrum. Wenn wir gut in unserer Mitte sind, kann uns nichts so leicht umwerfen.

Der dritte Punkt, auf den es ankommt, ist der Scheitel. Ich kann mir vorstellen, dass ich mit meinem Scheitel die Raumdecke berühre. Oder ich kann mir das Bild des Baumes nochmals vor Augen halten. Ich entfalte meine Krone nach oben, so wie ein Baum seine Krone in den Himmel wachsen lässt. Wenn ich ein paar Minuten so stehe, bekomme ich mehr Zutrauen zu mir und meinen Kräften und Wurzeln. Wenn ich besser zu mir stehen und für mich einstehen kann, dann wird mich Kritik nicht mehr so sehr erschüttern. Diese Übung will allerdings auch nicht dazu anleiten, dass ich unbeweglich wie ein Betonpfeiler werde und steif herumstehe. Ich stehe wie ein Baum, der sich im Wind wiegt. Ich bin tief verwurzelt. Die Stürme des Lebens werden mich nicht so leicht entwurzeln. So kann ich auch mit Kritik leben.

Ich erlebe oft Redner, die gekrümmt dastehen oder von einem Bein auf das andere hüpfen. Das ist ein Zeichen ihrer Unsicherheit. Ein Weg, Selbstvertrauen zu gewinnen, ist, bei einem Vortrag bewusst dazustehen, in sich zu ruhen und sich fest zu verwurzeln. Dann muss ich mich nicht vor den anderen beweisen. Ich stehe fest gegründet in einer größeren Wirklichkeit, letztlich in Gott. Das relativiert die Erwartungen der Menschen. Ich kann dann ruhig und gelassen meinen Vortrag halten. Wichtig ist dabei jedoch auch, dass ich mir Unsicherheit erlaube. Ein Baum bewegt sich ebenfalls, wenn der Wind um ihn weht. Er gibt etwas nach. Aber er lässt sich nicht so leicht entwurzeln. Und nicht jeder Baum steht kerzengerade. Manche sind schief und krumm und trotzdem tief verwurzelt. So darf ich auch sein.

Beim Stehen kann ich darauf achten, ob ich wirklich meinen Stand finde. Als Faustregel gilt, dass meine Füße etwa in Körperbreite auseinanderstehen. Wenn ich zu eng stehe, muss ich mich krampfhaft an mir festhalten. Wenn ich zu breitbeinig dastehe, plustere ich mich auf. Je mehr ich im Stehen lerne, zu mir zu stehen und für mich einzustehen und etwas durchzustehen, desto stärker wird mein Selbstvertrauen wachsen. Ich erfahre mehr Vertrauen. Ich muss es nicht »machen«. Es wächst von allein.

Die Verunsicherung vieler Menschen hängt heute sicher auch damit zusammen, dass sie sich ihrer eigenen Rolle nicht mehr bewusst sind und dass sie nicht mehr in einer klaren und sicheren Tradition verwurzelt sind. Viele sind heimatlos geworden und die Suche danach bewegt viele. Sie zeigt sich zum Beispiel darin, dass das Interesse am eigenen Stammbaum wächst und man nach den eigenen Vorfahren forscht. Man möchte nicht einfach im luftleeren Raum stehen, sondern sich vergewissern, wer jene waren, die vor einem gelebt, wie sie gelebt und die Herausforderungen ihres Lebens gemeistert haben. Ein anderer Weg, an der Kraft der Vorfahren teilzuhaben, findet man in Ritualen. Manche Familien praktizieren an Weihnachten Traditionen, die seit Jahrhunderten in ihren Familien weitergegeben werden. Sie geben ihnen Anteil an der Glaubenskraft und Lebenskraft ihrer Vorfahren. Indem sie die gleichen Rituale vollziehen wie ihre Vorfahren, spüren sie, dass sie aus den gleichen Wurzeln ihre Kraft schöpfen. In ihnen wächst das Vertrauen, dass sie die Schwierigkeiten, die sich ihnen in den Weg stellen, bewältigen werden. Sie fühlen sich nicht alleingelassen und wurzellos, sondern verbunden mit der Kraft und mit dem Glauben ihrer Vorfahren.

Manche, die nach außen hin ein starkes Selbstvertrauen an den Tag legen, sind innerlich unsicher. Manchmal spürt man auch, dass es nur eine Maske ist, die sie sich aufgesetzt haben. Wirkliches Selbstvertrauen hat jedoch nur, wer auch zu seinen Schwächen stehen kann. Wer seine Schattenseiten und Schwächen verstecken muss, der braucht sehr viel Energie, um seine Fassade aufrechtzuerhalten. Und diese Energie wird ihm irgendwann für das Leben fehlen.

Der bekannte Schweizer Psychiater C. G. Jung spricht davon, dass zum Selbstvertrauen gehört, die eigenen Schattenseiten anzunehmen und sich mit ihnen auszusöhnen. Das verlangt Demut und Humor. Wer humorlos seine Stärke dokumentiert, lebt immer in der Angst, dass ihm seine Maske vom Gesicht gerissen werden könnte. Wer jedoch gelassen zu seinen Fehlern steht und sich mit seinen Schattenseiten anfreundet, der kann auch gelassen mit den Menschen umgehen. Er hat keine Angst, dass die anderen seine Schwächen entdecken könnten. Er steht ja zu ihnen. Dennoch posaunt er sie auch nicht hinaus. Denn wer jedem sofort seine Schwächen auf die Nase binden muss, der verbirgt etwas anderes. Er offenbart seine harmlosen Schwächen, um seine wirklichen verstecken zu können. Wer ausgesöhnt ist mit sich, der geht gelassen auf andere zu. Er mutet sich ihnen so zu, wie er ist, und macht sich nicht kleiner, als er ist. Aber er hat auch keine Angst, dass andere etwas entdecken könnten, was er unter allen Umständen verbergen möchte. Weil er zu sich und seinen Schattenseiten steht, kann er sich auf die Menschen einlassen, ohne ständig um sich und seine vermeintliche Stärke zu kreisen. Er ist einfach präsent und offen für Menschen. Er gibt sich so, wie er ist. Das schafft Beziehung. Und das macht ihn sympathisch.

C. G. Jung unterscheidet zwischen »Ego« und »Selbst«. Das Ego will sich ständig beweisen und kreist dabei um das eigene Ich. Das Selbst meint dagegen die innere Mitte des Menschen. Zum Selbst gehören das Bewusste und Unbewusste, die Stärken und die Schwächen, das Menschliche und das Göttliche in uns. Wenn ein Mensch den Weg vom Ego zum Selbst schafft, wird er immer gelassener, authentischer und freier. Er ist frei von dem Druck, sich als besonders erfolgreich und gutaussehend darzustellen. Er hat es nicht nötig, sich vor den anderen zu rechtfertigen, sich beweisen zu müssen. Er ist einfach da.

Die transpersonale Psychologie spricht davon, dass unser wahres Selbst nicht das ist, was wir nach außen hin zeigen. Tief in uns ist das spirituelle Selbst verborgen. Es ist der innerste Personkern, den Gott geschaffen hat, das ursprüngliche und unverfälschte Bild, das sich Gott von einem gemacht hat. Selbstvertrauen heißt nicht unbedingt, dass ich nach außen hin selbstsicher auftrete. Vielmehr geht es zunächst einmal darum, mit diesem innersten Kern in Berührung zu kommen und mir bewusst zu werden, dass ich einmalig und einzigartig bin, ganz gleich, was andere von mir halten. Das gibt mir innere Freiheit und befähigt mich dazu, die Stille zu genießen und mich in der Stille ganz im Einklang zu fühlen mit mir selbst. Viele, die nach außen so selbstsicher auftreten, haben aber Angst vor der Stille. Tobias Haberl meint, »dass es für viele Menschen heute wenig Schlimmeres gibt als Stille, die Abwesenheit von Whatsapp und Push-Nachrichten, weil dann Fragen auftauchen, deren Antwort sie nicht googeln können« (Haberl, Süddeutsche Zeitung 15). Die Angst vor der Stille zeigt, dass ihr Selbstvertrauen brüchig ist. Sie leben ihre Selbstsicherheit nach außen, aber in ihnen finden sich Unsicherheit und Angst vor der eigenen Wahrheit.

Ich lasse manchmal die Menschen, die ich begleite, das Wort, das Jesus nach seiner Auferstehung zu den Jüngern spricht – »Ich bin ich selbst« – eine ganze Woche lang meditieren. In der griechischen Version lautet der Satz »*Ego eimi autos*«, und verweist auf die Sichtweise der stoischen Philosophie. Für die Stoiker meint *autos* den innersten Personkern, das innere Heiligtum, zu dem niemand anderer Zutritt hat, das niemand verletzen kann. Das wahre Selbstvertrauen finden wir, wenn wir mit diesem innersten Zentrum in Berührung kommen. Dann sind wir ganz wir selbst. Wenn ich mir bei allem, was ich tue – beim Aufstehen, Frühstücken, bei Gesprächen, der Arbeit, in Sitzungen – immer wieder sage: »Ich bin ich selbst«, dann merke ich vielleicht zunächst einmal, wie oft ich eine Rolle spiele und wo ich überall eben nicht ich selbst bin. Ich passe mich an. Ich spüre sofort, was der andere von mir erwartet, und spiele die Rolle, die diesen Erwartungen entspricht. Mir immer wieder zu sagen: »Ich bin ich selbst«, befreit mich mehr und mehr von meinen Rollen und Masken. Mit einem Mal entsteht eine große innere Freiheit. Ich muss mich nicht beweisen. Ich stehe nicht unter dem Druck, mich vor anderen als perfekt und erfolgreich darstellen zu müssen. Wenn ich ganz ich selbst bin, muss ich keine besondere Leistung vorweisen.

Ich kann dieses »selbst« vielleicht nicht genau definieren. Aber ich spüre, dass da etwas in mir ist, das mir von anderen nicht streitig gemacht werden kann, das niemand zu zerstören vermag. Wenn ich mit diesem Selbst in Berührung bin, habe ich wirkliches Selbstvertrauen. Das kann sich durchaus nach außen hin als Schüchternheit zeigen. Wahres Selbstvertrauen befreit mich aber von dem Druck, mich vor anderen darstellen, mich beweisen zu müssen. Ich bin einfach und lasse auch die anderen sein. Indem ich mit meinem wahren Sein in Berührung bin, bin ich auch in Berührung mit dem Sein der anderen Menschen.

Anderen vertrauen

Immer wieder höre ich in der Begleitung von Menschen den Satz: »Ich kann anderen nicht vertrauen.« Viele sind von ihnen nahestehenden Personen enttäuscht worden. Sie haben beispielsweise ihrem Vater vertraut. Doch der hat die Familie verlassen. Vielleicht hatte jemand auch als Tochter eine gute Beziehung zum Vater. Aber die Mutter hat den Vater immer schlecht gemacht, er sei nicht treu und kreise nur um sich. Das hat die Tochter sehr verunsichert. Heute hat sie das Gefühl, dass sie keinem Mann vertrauen kann, weil sie durch die entwertenden Worte ihrer Mutter das Vertrauen in ihr eigenes Gefühl verloren hat. Eine andere Frau hat als Jugendliche vielleicht erfahren, dass sie ihrem Freund vertraut hat und dachte, es sei die große Liebe. Doch dann hat er sie verlassen und sich einem anderen Mädchen zugewandt. Heute fällt es ihr schwer, sich überhaupt auf einen Menschen einzulassen. Sie könnte wieder enttäuscht werden.

Ich kann diese Gefühle gut nachvollziehen. Es gibt keine Garantie, dass die nächste Beziehung gelingen wird. Vertrauen kann immer wieder enttäuscht werden. Aber sich deshalb endgültig zu verschließen und sich gegenüber jeder Beziehung zu verweigern, ist ebenfalls keine Lösung. Oft sind solche Menschen hin- und hergerissen. Sie sehnen sich nach einer Freundschaft, aber sobald ihnen ein anderer näherkommt, flüchten sie oder verschließen sich. Das führt oft dazu, dass sie sich todunglücklich fühlen.

Ich kann für dieses Problem keine Lösung anbieten. Ich versuche immer, den Menschen Mut zu machen, ihrer Sehnsucht zu trauen. Aber zugleich müssen sie auch Vertrauen in sich selbst entwickeln. Denn wenn sie ihren ganzen Selbstwert davon abhängig machen, dass andere sie nicht enttäuschen oder verletzen, werden sie immer in der Angst leben, dass genau das geschieht. Ich muss einen guten Stand in mir selbst haben. Dann kann ich mich für den anderen öffnen. Diese Bereitschaft, mich auf den anderen einzulassen, stellt immer ein Risiko dar. Aber es geht ja nicht um alles oder nichts. Wenn ich mich auf den anderen einlasse, dann spüre ich, ob das Vertrauen wächst und ob in mir eine Sicherheit entsteht, dass diese Frau oder dieser Mann vertrauenswürdig ist. Wenn schon zu Beginn einer Freundschaft oder Partnerschaft tiefgreifende Probleme auftauchen, dann kann ich immer noch meiner Angst nachgeben und mich wieder zurückziehen. Ich würde zum Beispiel sehr genau darauf achten, wie der Freund oder die Freundin über andere Menschen redet. Wenn er oder sie ständig negativ über andere redet oder ihre Fehler breittritt, dann würde ich mich distanzieren. Denn dann hätte ich auch die berechtigte Angst, dass er oder sie über mich genauso redet. Ich muss meinem inneren Gefühl trauen. Und ich muss mir erlauben, dass eine Freundschaft auch scheitern kann. Nur dann kann ich mich ohne Angst darauf einlassen.

Doch auch in einer Freundschaft sind immer beide Pole zu beachten: Ich muss zu mir selbst Vertrauen haben, meinen Gefühlen trauen, meine Erfahrungen ernst nehmen. Und ich muss mich in den anderen hineindenken und mir vorstellen, wie es sein wird, mit ihm mein Leben zu teilen. Wenn ich bei dieser Vorstellung in Panik gerate, muss ich mich meiner Angst stellen. Ich kann mich dann fragen: Ist die Angst ein Zeichen, dass ich mich trennen soll? Oder aber verweist sie mich darauf, dass ich meine übertriebenen Erwartungen an die Freundschaft zurückschrauben muss?

In jeder Beziehung lernen wir etwas. Wir können nicht darauf warten, dass wir die absolut richtige und stimmige Beziehung finden, weil es eine solche nicht gibt. Wir müssen uns von unserem Perfektionismus und von dem Denken in den Kategorien »alles oder nichts« verabschieden. Dann kann Vertrauen wachsen. Und wir werden sehen, wie tragfähig dieses Vertrauen für die Zukunft sein wird.

Menschen tun sich oft schwer, anderen zu vertrauen, weil sie sich selbst nicht vertrauen. Sie haben Angst davor, weil der andere immer mehr seine innere Wahrheit erkennen könnte. Er könnte hinter die Fassade schauen und dort die Schattenseiten entdecken: Ängstlichkeit, Hemmungen, Unsicherheit oder auch neurotische Lebensmuster, seltsame Gewohnheiten und Zwänge. Ich kann mich einem anderen Menschen im Vertrauen nur nähern, wenn ich bereit bin, mich selbst anzunehmen, wie ich bin, und keine Angst habe vor meinen Schattenseiten. Solange ich dem anderen etwas vorspiele oder ihm eine Maske zeige, werde ich immer in der Angst leben, der andere könnte dahinter schauen und meine Realität entdecken, die diesem Bild nicht entspricht.

Wenn ich Kurse für Führungskräfte gebe, erlebe ich oft, dass sich alle einig sind: Sie möchten eine vertrauensvolle Atmosphäre im Unternehmen schaffen. Doch dann spüre ich, dass sie grundsätzlich gegenüber ihren Mitarbeitenden ein Misstrauen haben, das es unmöglich macht, eine solche Atmosphäre zu ermöglichen. Im Einzelgespräch merke ich dann: Sie vertrauen sich selbst nicht. Sie haben nicht den Mut, ihre eigene Wahrheit, ihre Schattenseiten anzuschauen und sich damit auszusöhnen. So projizieren sie das, was sie bei sich selbst nicht angeschaut und angenommen haben, auf andere. Sie meinen, dass diese nur ihre eigenen Interessen durchsetzen wollen. Doch wenn sie ehrlich wären, würden sie entdecken, dass in ihnen die gleiche Art und Weise ist, die eigenen Interessen durchzusetzen.

Bei solchen Menschen geht es eher um das Grundvertrauen. Sie sehen überall nur Lüge und Unehrlichkeit, Egoismus, Narzissmus, den Hang zum Bösen. Daher schauen sie mit einem Grundmisstrauen in die Welt. Sie trauen den Menschen nicht zu, dass sie sich nach Frieden sehnen, und denken, jeder würde nur auf den eigenen Vorteil schauen. Sie schauen pessimistisch in die Welt und halten die Menschheit für verdorben und schlecht, haben den Eindruck, dass alle immer nur egoistischer, härter und schlechter werden. In einer solchen Welt des Misstrauens kann man nicht gut leben. Soziologen und Psychologen haben jedoch festgestellt, dass das eine unrealistische Sicht auf die Welt ist, denn eigentlich neigen Menschen eher dazu, Gutes zu tun und gut zu sein.

Natürlich gibt es solche, deren Vertrauen ins Leben gestört ist und die sich daher der Gewalt und der Macht des Ego verschrieben haben. Für mich gehört zum Vertrauen in andere, dass ich daran glaube, dass in jedem die Sehnsucht ist, gut zu sein. Mit dieser Haltung werde ich Menschen anders begegnen und ich werde ihnen mehr zutrauen.

Die Kirche hat hier eine wichtige Aufgabe. Denn sie schafft es, sehr unterschiedliche Menschen miteinander zu verbinden – nicht nur im Gottesdienst, sondern auch in vielen kirchlichen Einrichtungen. Der Journalist Ulrich Schnabel hat festgestellt: Wo Menschen miteinander Gemeinschaft erfahren – etwa in der Kirche, in der Nachbarschaft oder in Vereinen –, haben sie auch grundsätzlich mehr Vertrauen in andere, denen sie in der U-Bahn oder im Supermarkt begegnen. Er schreibt: »Der positive Kontext der Gemeinschaft wird verallgemeinert und auf jene Mitglieder erweitert, die man noch nicht kennt. So entsteht Vertrauen im Kleinen und geht dann ins Allgemeine – bis am Ende jene Form von ›generalisiertem Vertrauen‹ steht, die man der gesamten Gesellschaft entgegenbringt« (Schnabel 249).

Jene, die wenig Kontakte zu anderen, vor allem zu Menschen anderer Kulturen haben, bauen auch weniger Vertrauen auf. Sie engagieren sich gesellschaftlich weniger und fühlen sich dann leicht ausgeschlossen. Zudem gibt es solche, die sich in einem »bequemen

Misanthropismus eingerichtet« haben, »der leicht zur selbsterfüllenden Prophezeiung wird: Wer meint, von lauter Egoisten umgeben zu sein, hat die beste Entschuldigung dafür, sich selbst ebenso egoistisch zu verhalten« (Schnabel 258).

Daher braucht es Formen bürgerlichen Engagements, die das Vertrauen in andere und in die Gesellschaft und ihre Institutionen stärken. Die Kirchen sind eine solche Form bürgerlichen Engagements. Sie können viel dazu beitragen, dass das Vertrauen unter den Mitbürgern wächst. Tobias Haberl schreibt am 31. März 2023 in der Süddeutschen Zeitung über Menschen in seiner Umgebung, die auf die Kirche herabsehen als ein überholtes Modell der Vergangenheit. Sie fordern Diversität, »aber verkennen, dass ein Gottesdienst um ein Vielfaches diverser besetzt ist, als jede ihrer Partys, auf denen immer alle die gleichen Netflix-Serien schauen« (SZ Magazin 31.3.2023, 12).

Vertrauen in andere kann ich in nicht einfach »machen«, es braucht dazu eine neue Haltung. Diese kann ich durch die Kunst der kleinen Schritte erlangen, indem ich zum Beispiel heute versuche, den Menschen, denen ich bei der Arbeit, im Zug oder im Bus, auf der Straße oder im Supermarkt begegne, zu trauen. Ich stelle mir vor, dass sie es ehrlich meinen, dass sie etwas Gutes in sich haben, dass sie von ihrem Wesen her freundlich sind und daher auf meine Freundlichkeit auch ebenso freundlich reagieren. Nur für heute setze ich sozusagen die Brille des Vertrauens auf und sehe damit auf andere. Ich mache heute dieses Experiment und reflektiere am Abend, welche Erfahrungen ich damit gemacht habe. Konnte ich den Menschen anders begegnen? Hat mein Vertrauen auch ihr Verhalten verwandelt? Haben sie freundlich reagiert, wenn ich sie freundlich angeschaut habe, wenn ich ihnen für etwas gedankt habe?

Wenn ich mit diesem Experiment gute Erfahrungen gemacht habe, werde ich grundsätzlich anders auf Menschen schauen. Ich werde in ihnen das Gute sehen. Benedikt fordert in seiner Regel die Mönche auf, in jedem Bruder und in jeder Schwester Christus zu sehen. Das klingt für viele unrealistisch. Es meint nicht, dass ich mit einer rosaroten Brille herumlaufe und mir sage: Alle Menschen sind lieb und nett. Es gibt natürlich auch solche, die böse, unfreundlich, egoistisch sind. Aber hinter ihrer egoistischen und unfreundlichen Fassade steckt doch die Sehnsucht, gut zu sein, gute Beziehungen zu anderen zu haben. Und es liegt an mir, an diese Sehnsucht nach dem Guten in jedem zu glauben. Dann wird meine Beziehung verwandelt. Ich werde nicht mehr so pessimistisch auf andere schauen, sondern mit der Hoffnung, dass der gute Kern in jedem sich mehr und mehr zeigt.

Wenn ich an das Gute im anderen glaube, ist das auch eine Hilfe für ihn, dass er an das Gute in sich glaubt. Ich kann mit meinem Glauben das Gute im anderen wecken, den anderen in Berührung mit seinem guten Kern bringen. Dann wird mein Vertrauen nicht nur zu diesem einzelnen Menschen, sondern generell in die Menschheit stärker werden.

Gott vertrauen

In geistlichen Gesprächen höre ich oft, dass Menschen nicht darauf vertrauen können, dass sie von Gott beschützt sind, dass Gottes Segen sie begleitet. Wenn sie beten, haben sie Zweifel, ob das etwas nützt, denn sie haben so viel gebetet, aber Gott hat nicht geholfen. Manchmal hindern sie die Enttäuschungen, die sie erfahren haben, daran, auf Gott zu vertrauen.

Oft aber ist es das Gottesbild, das ihnen das Vertrauen unmöglich macht. Das Gottesbild hängt häufig mit den Erfahrungen zusammen, die Menschen mit ihren Eltern gemacht haben. Wenn sie ihnen kein Urvertrauen vermittelt haben, tun sie sich schwer, sich in Gott geborgen zu wissen. Wenn sie als unzuverlässig erlebt wurden, weil sie – vielleicht durch eine Sucht oder eine psychische Krankheit – unberechenbar und willkürlich gehandelt haben, dann überträgt sich diese Erfahrung leicht auf die Erfahrung Gottes. Selbst wenn ich bewusst an den barmherzigen Gott glaube, ist dann tief in meinem Innern die Angst, dass diesem Gott nicht zu trauen ist, dass er mir einen Strich durch die Rechnung macht. Ich habe einen Priester begleitet, der immer vom barmherzigen Gott predigte. Aber auf dem Hintergrund der Erfahrung mit seinem alkoholkranken Vater hatte er immer ein Grundmisstrauen Gott gegenüber. Er meinte, man wisse nie, was er alles so vorhabe mit einem.

Manche, die in ihrer Kindheit wenig Vertrauen erfahren haben, beklagen sich, dass deshalb auch ihre Gottesbeziehung gestört sei. Das muss aber nicht bedeuten, dass diese Menschen ihr Leben lang benachteiligt sind. Es gibt auch Gotteserfahrungen, die mangelndes Vertrauen heilen. Manche erfahren das in einem Gottesdienst, wenn ein Wort oder ein Lied sie berührt. Andere spüren es in der Natur. Mit einem Mal fühlen sie sich getragen und bedingungslos geliebt. In diesem Moment wird die Wunde des mangelnden Vertrauens geheilt, spüren sie, dass sie vertrauen können. Allerdings wird diese eine spirituelle Erfahrung noch nicht das ganze Leben durchdringen. Das alte Misstrauen wird immer wieder einmal aufbrechen. Dann hilft es nur, sich an die Gotteserfahrung und an die Erfahrung von absolutem Vertrauen zu erinnern und der Sehnsucht, die man im Herzen spürt, zu trauen. In der Sehnsucht nach Vertrauen ist schon Vertrauen. Ich kann dieser Sehnsucht in mir auf den Grund gehen. Dann werde ich auf dem Grund meiner Seele das Vertrauen entdecken, das in mir ist, ganz gleich, ob ich von den Eltern genügend Vertrauen erfahren habe oder nicht. Es gibt ein Urvertrauen, das von Gott stammt und nicht von den Menschen. Es ist wie ein archetypisches Bild, das in mir ruht. Wenn ich mit diesem Bild von Vertrauen und Sich-fallen-Lassen in Berührung komme, wächst in mir das Vertrauen. Ich traue der Kraft des Vertrauens, die mir Gott selbst ins Herz gelegt hat.

Die Mutter ist die Erste, die dem Kind Urvertrauen vermittelt. Sie gibt ihm das Gefühl, dass es willkommen ist auf dieser Erde. Das Kind fühlt sich von der Mutter getragen und bei ihr geborgen. Es erfährt sich als bedingungslos angenommen. Das gibt ihm Vertrauen ins Leben. Es weiß sich auch sonst getragen. Es ist nicht allein. Die Erfahrung der bergenden Mutter projiziert das Kind irgendwann auf Gott. Auch wenn die Mutter nicht da ist, weiß es sich geborgen in einer größeren Wirklichkeit, letztlich in Gott. Der englische Kinderarzt Donald Winnicott spricht vom Übergangsobjekt, das dem Kind erlaubt, bei Abwesenheit der Mutter dennoch Geborgenheit zu spüren. Gott ist nicht einfach ein Übergangsobjekt wie ein Teddybär, mit dem das Kind kuschelt, wenn die Mutter nicht da ist. Eher ist Gott ein Übergangsraum, von dem Winnicott ebenfalls spricht. Das Bild von Gott hat für das Kind oft die gleiche Wirkung wie ein Übergangsobjekt. Es fühlt sich geborgen und getragen und immer von

Liebe umgeben. Kinder, die ein starkes Urvertrauen spüren, haben es im Leben leichter. Doch es gibt kein Kind, das nur Vertrauen lernt. In ihm findet sich ebenfalls ein Grundmisstrauen. Es braucht eine gute Balance zwischen Vertrauen und Misstrauen, um im Leben zu reifen und zu wachsen.

Auch der Vater vermittelt dem Kind Vertrauen, es hat aber eine andere Qualität. Es ist weniger die Erfahrung von Geborgenheit als vielmehr das Vertrauen als Wagnis, in die Welt hinauszugehen, etwas zu riskieren, etwas in die Hand zu nehmen, wegzugehen von den Eltern und das eigene Leben zu leben. Der Vater stärkt dem Kind den Rücken, damit es die Kraft findet, das Leben zu bewältigen und seinen Stand im Leben zu finden. Wem diese väterliche Energie fehlt, der braucht oft einen Vaterersatz. Wenn man kein Rückgrat hat, braucht man eine Art Prothese stattdessen. Das können zum Beispiel feste Normen oder Ideologien sein, die man nicht hinterfragt, hinter denen man sich versteckt. Doch das macht stur und lässt einen erstarren. Hinter der Ideologie steht oft die Angst vor der Unsicherheit, mit der man in der Welt konfrontiert ist. Wenn ein Kind jedoch einen Vater erfährt, der ihm den Rücken stärkt, dann projiziert es diese Erfahrung auch auf Gott. Gott ist dann wie ein Vater, der dem Kind Sicherheit schenkt, der es behütet und beschützt und der ihm zutraut, das Leben selbst in die Hand zu nehmen. Auch hier gilt: Manchmal haben Kinder keine gute Vaterbeziehung. Das kann die Beziehung zu Gott als Vater verdunkeln. Gott kann als Vaterfigur jedoch auch die gestörte Vaterbeziehung ausgleichen und heilen. Man projiziert dann das archetypische Vaterbild, das jeder in seinem Inneren trägt, auf Gott und erfährt ihn als den, der einem den Rücken stärkt.

Beide Arten von Vertrauen braucht das Kind, um das Vertrauen ins Leben zu erlernen. Als Erwachsener wird man ebenfalls immer wieder diese beiden Formen des Vertrauens erleben. Manchmal sehnen wir uns danach, uns fallen zu lassen, getragen zu sein. Wir erfahren das zum Beispiel in der Natur, wenn wir uns auf die Wiese legen und uns einfach tragen lassen. Jeder Mensch braucht aber auch immer wieder die Erfahrung der väterlichen Qualität des Vertrauens, indem er etwas riskiert oder Verantwortung für sich und andere übernimmt. Manchmal sehnen wir uns nach dem Vater, bei dem wir uns anlehnen können, der für uns wie ein Fels in der Brandung ist, der Sicherheit schenkt. Gott als Vater ist kein Ersatz für die Erfahrung des menschlichen Vaters. Aber auch der, der seinen leiblichen Vater gar nicht oder nur unzureichend erfahren hat, spürt eine Ahnung in sich, wie ein guter Vater zu sein hat. Und so kann er Gott als seinen Vater erfahren, der ihm Mut macht, ins Leben hinauszugehen. Gott wird dann zum Felsen, an den er sich anlehnen kann, aber auch ein Fels, auf dem er sicher stehen kann, ohne sich durch die Einflüsse von außen verunsichern zu lassen.

Als Erwachsene haben wir die Aufgabe, mit dem, was wir an Vertrauen gelernt haben, umzugehen. Wir können uns nicht abhängig machen von mütterlichen oder väterlichen Menschen, die uns das Gefühl von Heimat geben oder die uns den Rücken stärken, weil wir sonst unsere eigene Identität verlieren. Wir bleiben in der Kinderrolle stecken. Daher ist es unsere Aufgabe, für uns selbst Vater und Mutter zu sein. Wir sollten mütterlich mit uns umgehen, das kleine Kind, das in uns steckt und das oft genug bedürftig nach Liebe ist, in den Arm nehmen und es wiegen, damit es bei sich selbst zu Hause sein kann. Dazu ein Beispiel: Eine Frau, die jahrelang in einer Therapie ihre schwierige Beziehung zur Mutter bearbeitet hatte, meinte in einem Gespräch mit mir, jetzt sei sie endlich fähig, auch einmal mit ihrer Mutter in Urlaub zu fahren. Doch die gemeinsame Woche wurde zur großen Enttäuschung. Sie hatte erwartet, dass ihre Mutter ihr doch einmal sagen würde: »Du bist meine Lieblingstochter. Ich mag dich. Ich bin dankbar, dass du da bist. Ich bin stolz auf dich.« Ich sagte ihr, dieses Wort würde sie nie von ihr hören. Das müsse sie sich selbst sagen. Sie müsse für sich selbst Mutter sein. Und sie solle ihre Sehnsucht nach der Mutter, die sie bedingungslos annimmt, auf Gott übertragen. Gott sehe sie und nehme sie so an, wie sie sei.

Selbst wenn wir älter werden, sehnen wir uns immer noch nach Vätern, an die wir uns anlehnen können, die uns Sicherheit geben. Auch wenn wir unser Leben bestehen und anderen Vater sind, sehnen wir uns danach, Ermutigung zu erfahren von einem väterlichen Menschen. Das Bedürfnis können wir nicht aus uns herausreißen. Wir können es auch ruhig zulassen. Doch zugleich sollten wir uns selbst ein Vater sein, der dem kleinen Sohn oder der kleinen Tochter in uns den Rücken stärkt, der ihm oder ihr Mut macht, das Leben zu wagen und weiter zu kämpfen, damit es gelingt. Und wir sollten Gott als Vater sehen, denn das befreit uns von der Abhängigkeit von Vaterfiguren, zum Beispiel religiösen Führern, die einen aber eher schwächen als stärken, weil sie einem die eigene Kraft absprechen.

Vertrauen verbinden wir oft mit Bildern von etwas Unerschütterlichem, einem Haus oder einem Baum, die fest stehen und Halt und Geborgenheit schenken. Wir erfahren aber in unserem Leben, dass es so etwas Unerschütterliches, auf das wir uns verlassen können, nicht wirklich gibt. Oft genug wird uns das zerbrochen, worauf wir unsere Hoffnung gesetzt haben. Der niederländische Theologe Henri Nouwen hat bei der Einweihung des Recollectiohauses in Münsterschwarzach gesagt: »Dort, wo wir zerbrochen werden, dort werden wir auch aufgebrochen für Gott und aufgebrochen für unser wahres Selbst.« Dieses Aufgebrochenwerden ist etwas Passives. Wir müssen nicht selbst aufbrechen. Das Leben zerbricht etwas in uns und bricht uns auf diese Weise auf. Aber wir können das nur dann als Segen erfahren, wenn wir ein Grundvertrauen in Gott haben, das uns sagt, dass uns nichts widerfahren wird, was uns letztlich schaden kann. Zerbrochen wird das, was uns Sicherheit verleiht, aber auch das, was wir um uns herum aufgebaut haben, um uns abzusichern, zu schützen, aber auch abzuschotten. Wenn der Panzer zerbrochen wird, den wir um uns herum gelegt haben, dann wird etwas in uns wieder lebendig.

Es braucht also Vertrauen, um sich von Gott aufbrechen zu lassen. Aber dadurch kann auch neues Vertrauen wachsen. Wir spüren, dass wir uns nicht an Äußeres halten können. Halt gibt nur der Grund, auf den wir unser Lebenshaus bauen. Jesus spricht vom Felsen, auf den wir unser Haus bauen. Wenn unser Haus auf Fels gebaut ist, kann es nichts so leicht zum Einsturz bringen. Wenn es aber auf den Sand unserer Illusionen gebaut ist, wird es einstürzen (vgl. Mt 7,24–27). Solche Illusionen, die nur Sand für das Fundament unseres Hauses sind, sind ein Bild für die Erwartung, von allen anerkannt und gemocht zu werden, immer Erfolg haben zu müssen. Wenn unsere Illusionen zerbrochen werden, zerstreut sich der Sand, auf den wir unser Haus bauen wollten. Darunter können wir nach dem Felsen graben, der unser Haus trägt. Das Zerbrechen unserer

Illusionen öffnet uns für ein tieferes Vertrauen, für das Vertrauen, in Gott selbst zu gründen.

Ob wir Vertrauen haben oder nicht, wir geraten in unserem Leben immer wieder in Krisen. Das Vertrauen schützt uns nicht davor. Krisen nehmen mir oft den Halt im Leben. Vielleicht war ein solcher Halt ein Mensch oder meine Gesundheit, meine Intelligenz, meine Fähigkeit, Probleme zu lösen und das Leben zu meistern. Dieser Halt wird durch die Krise brüchig. Die Frage ist dann, ob ich daran zerbreche oder ob ich gerade durch diese Brüchigkeit einen Grund in mir finde, der mir Festigkeit verleiht. Vertrauen kann ein solcher Grund sein – in all seinen Dimensionen. Zum Beispiel das Vertrauen, das ich von Natur aus in mir habe, oder jenes, dass sich Probleme lösen lassen und Krisen vorübergehen. Oder das Vertrauen, dass ich bisher immer durchgekommen bin, auch wenn es manchmal schwer war. Vielleicht vertraue ich auch darauf, dass ich nicht alleingelassen werde, dass Menschen mir beistehen. Oder ich vertraue darauf, dass Gott mich in der Krise hält, dass Gott der tiefere Grund ist, auf dem ich stehen kann, auch wenn alles Äußere wegbricht.

Wir sehen das Vertrauen oft als Gegensatz zur Angst. Doch es gibt auch ein Vertrauen in der Angst. Die Krise macht mir Angst. Ich weiß nicht mehr, ob ich sie bewältigen kann, ob es einen Weg heraus gibt. Das

Vertrauen vertreibt nicht einfach die Angst. Sie wird immer wieder in mir auftauchen. Aber ich vertraue darauf, dass sie nicht die einzige Emotion ist, die in mir ist, sondern dass unterhalb der Angst auch in mir noch eine Quelle des Vertrauens fließt. Die Angst lädt mich dann dazu ein, das, was mir Angst macht, anzuschauen und zugleich tiefer zu gehen, in den Grund der Seele vorzustoßen, in dem auch Vertrauen in mir bereitliegt. Der Glaube ist der Weg zu diesem Vertrauen. Die Wüstenväter haben einen konkreten Weg vorgeschlagen, um mitten in der Angst mit dem eigenen Vertrauen in Berührung zu kommen. Sie raten, ihr sozusagen das Wort aus Psalm 118 entgegenzustellen: »Der Herr ist mit mir. Ich fürchte mich nicht. Was können Menschen mir antun!« Dabei geht es nicht darum, die Angst zu vertreiben, sondern mitten darin mit dem Vertrauen in Berührung zu kommen, das auch in mir wohnt. Das Wort der Bibel stärkt das Vertrauen, das in mir ist, aber oft nicht zu spüren ist. Dann kann das Vertrauen mehr und mehr die Seele und das Herz durchdringen und mir das Gefühl geben: Ja, ich bin nicht allein. Ich darf mitten in meiner Angst vertrauen.

Martin Luther hat den Glauben (lat. *fides*) vor allem als Vertrauen (lat. *fiducia*) verstanden. Glauben heißt für ihn nicht, an Dogmen und Gebote zu glauben, sondern Vertrauen in Gott zu haben, der ihn annimmt, der ihm in Jesus Christus seine Liebe erwiesen hat, der ihm alle Schuld vergibt und ihm Zuversicht schenkt, dass sein Leben gelingt. Luther hat hier etwas Wesentliches gesehen: Die Grundlage des Vertrauens ist der Glaube. Ich glaube Gott, ich traue Gott, ich vertraue darauf, dass er mir in Jesus Christus Zuversicht geschenkt hat, dass seine Liebe stärker ist als all meine Schuld. Das nennt Luther ein »fröhliches Vertrauen«, das uns von aller Angst befreien soll. Martin Luther war von der Frage getrieben: »Wie bekomme ich einen gnädigen Gott?« Für Luther lag darin die Frage nach dem rechten Glauben. Offensichtlich hatte er oft genug daran gezweifelt, ob er von Gott angenommen ist. Diese Zweifel wurden genährt durch die Selbstzweifel, die der junge Mann Luther in sich trug. Der Glaube an einen strengen Gott, einen Richter-Gott führt zu solchen Selbstzweifeln und Selbstbeschuldigungen. Wie werde ich frei von diesem Zwang, mich selbst zu verurteilen und zu beschuldigen? – das war die grundlegende Frage, die Luther umgetrieben hat. Die Antwort fand er in Jesus Christus, der am Kreuz all diese Selbstzweifel durchgestrichen hat und uns vom Kreuz herab zurief: »Du bist bedingungslos geliebt. Du brauchst gar nicht darauf zu achten, ob du richtig bist, ob du alles richtig machst. Die Liebe Gottes, die im Kreuz sichtbar wird, ist stärker als alle Selbstverurteilung.«

Selbstzweifel lähmen. Sie rauben uns alle Lebenskraft. Das Vertrauen in den gnädigen Gott weckt neue Kräfte in uns. Wir können uns dem Leben stellen und getrost unseren Weg gehen. Wir sind frei von dem Zwang, uns dabei beobachten zu müssen, ob wir gut genug sind. Wir werden frei, uns dem Leben zuzuwenden. Das bringt uns mit der Kraft in Berührung, die in uns ist. Selbstzweifel schneiden uns ab von dieser Kraft. Psychologische Studien haben festgestellt, dass das Vertrauen auf Gott den Menschen gesünder leben lässt: »Wer sich vertrauensvoll mit einem Göttlichen verbunden weiß, ist glücklicher, zumal wenn dieses als liebend imaginiert wird, gütig, nachsichtig, anerkennend« (A. Bucher 109). Andere Studien weisen nach, dass das Vertrauen auf einen gütigen Gott auch das Vertrauen in die Menschen stärkt: »Die Verbundenheit mit einem höheren Wesen und die mit den Mitmenschen stärken sich gegenseitig« (Bucher 114).

Viele tun sich schwer mit dem Vertrauen auf Gott, weil sie sich ihn zu konkret als eine Person, als Vater oder Mutter vorstellen. Sie sind dann entweder enttäuscht, wenn Gott sie beispielsweise nicht wie ein guter Vater beschützt. Oder sie können keine persönliche Beziehung zu Gott aufbauen. Gott ist für sie zu abstrakt, als dass sie ihm wie einem Vater oder einer Mutter vertrauen können. Dann kann es helfen, wenn wir Gott nicht nur persönlich, sondern auch überpersönlich begreifen als den Grund allen Seins. Er ist die Liebe, die alles durchdringt, die Schönheit, die in allem aufleuchtet, die

Energie, die alles bewegt. In manchen Phasen unseres Lebens ist uns das überpersönliche Gottesbild näher. Dann fühlen wir uns von der Liebe getragen, die alles durchdringt und in uns ist. Der 1. Johannesbrief drückt das so aus: »Gott ist Liebe. Und wer in der Liebe bleibt, der bleibt in Gott und Gott bleibt in ihm« (1 Joh 4,16). Dann vertrauen wir dieser Liebe, die auf dem Grund unserer Seele wie eine Quelle strömt, vertrauen darauf, dass diese Liebe stärker ist als der Hass, den wir in unserem Umfeld erleben. Vielleicht vertrauen wir auch der göttlichen Energie, deren verbindende Kraft stärker ist als die spaltende Kraft des Bösen.

Das Vertrauen in Gott ist immer auch Vertrauen in das Leben. Denn Gott ist der Grund allen Seins. So vertrauen wir darauf, dass diese Welt nicht nur in den Händen der Mächtigen liegt, die ihre Willkür walten lassen, sondern dass die Welt in der Hand Gottes liegt. Auch wenn wir sein Wirken oft nicht wahrnehmen und das Gefühl haben, dass die Welt von egozentrischen Menschen regiert wird, die nur ihre eigenen Interessen durchsetzen wollen, so schenkt uns das Vertrauen in das Leben doch die Hoffnung, dass Gottes Geist sich in dieser Welt immer wieder durchsetzen wird. Die Bibel ist voll von diesem Vertrauen, dass nicht die »Frevler«, wie die Psalmen es ausdrücken, sondern Gott diese Welt beherrscht. Die Frevler werden zugrunde gehen, das ist die feste Überzeugung der Verfasser der Heiligen Schrift. Wir spüren, dass die Beter der Psalmen genauso angefochten waren wie wir, wenn wir in unsere Welt schauen, denn auch damals gab es Verbrechen und Gewalt sowie Mächtige, die sich als Diktatoren erweisen, denen das Leben der Menschen nichts wert zu sein scheint. Aber die Psalmisten haben ihre Zweifel, Ängste und Gefährdungen vor Gott zum Ausdruck gebracht und sich in ein Vertrauen hinein gebetet, das alles Misstrauen und alle Zweifel überwindet.

Das Vertrauen in das Leben als Ausdruck unseres Gottvertrauens zeigt sich in unserem Alltag ganz konkret. Wenn ich Auto fahre, könnte ich voller Angst sein, dass ein Unfall passiert. Vertrauen ins Leben zu haben bedeutet, darauf zu vertrauen, dass ich heil am Ziel ankomme und auch gesund und unversehrt zurückkehre. Vertrauen ins Leben bedeutet, davon auszugehen, dass dieser Tag heute ein gesegneter Tag ist, dass alles, was ich tue, unter dem Segen Gottes steht und für mich und für andere Segen bringt. Es ist ein Grundvertrauen, dass alles gut werden wird. Dabei geht es nicht um Naivität oder Schönreden. Wir können das Leben nicht kontrollieren und wir haben keine Garantie dafür, dass es zu keinem Unfall kommt oder dass wir nicht erkranken. Aber wir fixieren uns nicht auf diese negativen Möglichkeiten. Wir vertrauen darauf, dass wir heute unser Leben unter dem Segen Gottes leben dürfen.

Ein morgendliches Segensritual kann uns dabei helfen, uns immer wieder daran zu erinnern, dass wir in einen gesegneten Tag gehen, dass Gott unsere Schritte und unser Tun segnen wird. Das könnte so aussehen, dass ich aufrecht dastehe und die Hände zum Segen erhebe. Dann stelle ich mir vor, dass durch meine Hände Gottes Segen strömt, zunächst zu den Mitgliedern meiner Familie. Dann fühle ich mich mit ihnen verbunden und kann sie zugleich loslassen, weil ich darauf vertraue, dass sie unter dem Segen Gottes stehen, dass Gottes Segen sie wie ein schützender Mantel einhüllt. Dann kann ich den Segen in die Räume meiner Wohnung strömen lassen, sodass ich das Gefühl habe, in gesegneten Räumen zu wohnen. Anschließend lasse ich den Segen Gottes zu den Menschen strömen, mit denen und für die ich arbeite und zu allen Menschen, denen ich heute begegnen werde. Dann werde ich den Menschen mit mehr Vertrauen begegnen. Ich kann den Segen Gottes in jeden Augenblick des Tages strömen lassen und so darauf vertrauen, dass jeder gesegnet ist. Das verwandelt mein Erleben. Ich kann voll Vertrauen in den Tag gehen. Wenn ich dagegen voller Angst und quälender Sorgen in den Tag gehe, raubt mir das viel Energie.

Natürlich werde ich nicht den ganzen Tag über das Gefühl haben, unter dem Segen Gottes zu stehen. Aber ich kann mich immer wieder daran erinnern. Wenn ich in ein Gespräch gehe, sage ich mir: »Herr, segne das Gespräch. Segne diesen Mann, diese Frau, mit der ich jetzt sprechen werde.« Dann werde ich dem anderen mit Vertrauen begegnen und nicht darüber nachgrübeln, dass ich alles richtig machen muss, dass ich eine gute Figur vor dem anderen abgebe. Der Segen befreit mich von dem ständigen Kreisen darum, was andere von mir denken und von mir erwarten. Ich vertraue darauf, dass mein Gegenüber es gut mit mir meint und die Begegnung gut wird. Ich bin nicht fixiert auf mein Tun, auf meine Anstrengung, dass das Gespräch gelingen muss.

Geschichten über das Vertrauen in der Bibel

Die Bibel ist voll von Geschichten, in denen es um Vertrauen geht. Viele davon sind uns sehr vertraut, weil sie zu den zentralen Erzählungen im Alten wie im Neuen Testament zählen. Da wäre zum Beispiel die Geschichte vom Auszug Abrahams aus seiner Heimat, aus seinem Vaterland und aus seiner Vaterstadt im Alten Testament (Gen 12,1–9). Abraham zieht aus allem Vertrauten aus und lässt sich ein auf das, was Gott ihm verheißt.

Die Wüstenväter haben diesen Auszug Abrahams auf die Menschen in ihrem damaligen Heute übertragen und ihn dreifach gedeutet:

1. Ich ziehe aus den Gewohnheiten aus, aus dem, was mich abhängig macht. Oft bleiben wir bei dem, was wir kennen, weil wir Angst haben vor dem Neuen. Vertrauen bedeutet, das Bekannte und Vertraute loszulassen, um sich auf Neues einzulassen.

2. Ich ziehe aus den Gefühlen der Vergangenheit aus. Ich verdränge sie nicht, aber ich kreise auch nicht ständig darum. Ich lasse mich vertrauensvoll auf die Zukunft ein, auf das Unbekannte, das vor mir liegt.

3. Ich ziehe aus dem Sichtbaren aus und mache mich auf den Weg hin zum Unsichtbaren, zu Gott. Abraham ist also nicht rückwärts orientiert, sondern er öffnet einen Raum in die Zukunft. Er weint seiner Heimat nicht nach, sondern macht sich auf, eine neue zu suchen. Schon der Hebräerbrief hat das Vertrauen Abrahams als Urbild des Glaubens gepriesen: »Er zog weg, ohne zu wissen, wohin er kommen würde« (Hebr 11,8). Und es ist die Rede von der Heimat, die Abraham und die Seinen suchten: »Hätten sie dabei an die Heimat gedacht, aus der sie weggezogen waren, so wäre ihnen Zeit geblieben, zurückzukehren: nun aber streben sie nach einer besseren Heimat, nämlich der himmlischen« (Hebr 11,15f). Das Vertrauen darauf, dass uns eine himmlische Heimat erwartet, lässt uns hier auf Erden voll Vertrauen Abschiede und Auszüge und Brüche bewältigen. Denn jeder Abschied von lieben Menschen, von der gewohnten Umgebung, von der vertrauten Arbeit ist schon ein Vorschein des endgültigen Abschieds, der uns im Tod erwartet, aber zugleich Aufbruch in die ewige Heimat sein wird.

Glauben und Vertrauen gehören für die Bibel zusammen. Wer auf Gott vertraut, der ist bereit, das zu lassen, woran er seine bisherige Existenz festgemacht hat: seinen Besitz, seine Heimat. Allerdings malt die Bibel auch kein idealistisch-überhöhtes Bild von Abraham. Auf seinem Weg in die Heimat, die Gott ihm gewiesen hat, wird er immer wieder von Misstrauen überfallen. Als er in Ägypten weilt, hat er Angst, der Pharao könnte ihn umbringen, weil er eine so schöne Frau hat. Also gibt er sie als seine Schwester aus. Unser Weg zu Gott wird immer auch von Misstrauen begleitet sein. Wir machen uns auf den Weg, aber wir möchten uns doch immer wieder absichern. Wir trauen dem Gott, der uns gerufen hat, doch nicht genügend und treffen eigene Vorkehrungen, dass uns nichts Unvorhergesehenes widerfährt.

Vertrautes schafft Vertrauen. Aber Vertrautes kann auch unfrei machen. Und dann wird aus Vertrauen schnell Angst. Das Vertrauen, zu dem Gott uns ermutigt, lässt das los, was uns bisher Heimat geschenkt hat, was uns vertraut ist. Es lädt uns ein, uns auf Neues einzulassen. Weil wir in Gott unseren Halt haben, können wir das lassen, was uns bisher Halt gab: die Gewohnheiten, Besitz, Beziehungen, die wir in unserer Heimat geknüpft haben. So ist das Vertrauen die Bedingung, das Leben in die Hand zu nehmen und es im Vertrauen auf Gott selbst zu gestalten.

Jesus erzählt im Markusevangelium zwei wunderbare Vertrauensgeschichten:

In der ersten Geschichte (Mk 4,35–41) geraten die Jünger mit ihrem Boot in einen Sturm. Sie werden hin und her geworfen auf dem See und haben große Angst. Jesus schläft hinten im Boot auf einem Kissen. Die Jünger wecken ihn auf mit den Worten: »Kümmert es dich nicht, dass wir zugrunde gehen?« (Mk 4,38). Das griechische Wort *apollymetha*, das hier verwendet wird, kann bedeuten: Wir werden zu Grunde gerichtet, getötet. Aber es kann auch bedeuten: Wir verlieren uns, wir gehen verloren. Damit drücken die Jünger aus, dass sie sich im Wirbelsturm verlieren, dass sie ihre Mitte, ihr Selbst verlieren und daher vor Angst zugrunde gehen. Jesus steht auf und gebietet dem Sturm und den Wellen, sich zu beruhigen, und es tritt große Stille ein. Wenn wir die Geschichte auf uns beziehen, dann erinnert sie uns daran, dass wir auch oft in einen Sturm geraten. Wir wissen weder ein noch aus. Unser Leben ist ein einziges Durcheinander. Bei einem Wirbelsturm können wir auch an die vielen Meinungen denken, die von allen Seiten auf uns einstürmen. Wir wissen nicht, wie wir darauf reagieren, welche Richtung wir einschlagen sollen. Der Sturm ist gefährlich, weil wir nicht wissen, aus welcher Richtung er kommt. Er wirbelt alles in uns durcheinander. Dann geraten wir in Angst, denn wir fühlen uns hilflos, wir wissen nicht, wie wir reagieren sollen, weil der Wind ständig die Richtung wechselt, weil er uns mit herumwirbelt. Wenn Jesus im Boot schläft, so könnte das ein Bild dafür sein, dass er zwar in uns, in unserem Boot sitzt, aber wir die Beziehung zu ihm verloren haben. Wir haben die Beziehung zu unserer Mitte, zu unserem wahren Selbst verloren, denn Christus ist immer auch ein Bild für unser wahres Selbst. Er wohnt in uns auf dem Grund unserer Seele, aber wir spüren ihn oft nicht. Dann reagieren wir mit Panik auf die Stürme in unserem Leben. Sobald Jesus in uns aufsteht, legt sich der Sturm und wir werden nicht mehr hin und her geworfen von den Wellen.

Ich muss bei dieser Geschichte immer an einen Manager denken, der den Kurs »Kloster auf Zeit« gebucht hatte. Er war vor fünfzehn Jahren aus der Kirche ausgetreten und erzählte mir, dass er Gott in diesen Jahren nicht vermisst habe. Aber er war immer unruhiger geworden, sodass eine Freundin ihm sagte: »Du landest noch in der Psychiatrie mit deiner Unrast.« So kam er ins Kloster – nicht um Gott zu suchen, sondern um zur Ruhe zu kommen. Aber hier wurde er auf einmal berührt von der Liturgie. Da wachte gleichsam Jesus in ihm wieder auf, der zwar in seinem Boot gesessen, aber geschlafen hatte, zu dem er keine Beziehung mehr hatte. Und als Jesus in ihm wieder aufstand, fand er zur inneren Ruhe. Da konnte er die Stille aushalten und er spürte neues Vertrauen in sich selbst und seine Fähigkeit, Ruhe zu finden.

In der zweiten Geschichte (Mk 6,45–52) ist Jesus nicht mit im Boot, als es in heftigen Wind gerät, sondern er ist auf einem Berg, um zu beten. In dieser Geschichte ist nicht von einem Wirbelsturm die Rede, sondern vom Gegenwind. In unserem Leben bekommen wir oft heftigen Gegenwind zu spüren: Krankheiten, Arbeitsplatzverlust, Tod, Unfall, das Zerbrechen einer Beziehung. Oft haben wir den Eindruck, als ob sich alles gegen uns verschworen habe. Jesus sieht vom Berg aus, wie sich die Jünger plagen, gegen den Wind anzurudern. Aber es gelingt ihnen nicht. Alle eigene Anstrengung hilft ihnen nicht weiter.

In der Bibel heißt es dann, dass Jesus »in der vierten Nachtwache« zu ihnen kommt, indem er über das Wasser wandelt. Die vierte Nachtwache ist ein Bild für die Lebensmitte, also um das Alter von 40 herum. 40 ist die Zahl der Verwandlung. In der Lebensmitte geraten wir oft in heftigen Gegenwind. Es geht einfach nicht mehr so weiter wie vorher. Menschen, denen wir vertraut haben, stehen gegen uns auf. Wir spüren Gegenwind in der Firma. Auf einmal sind wir nicht mehr so anerkannt, sondern werden infrage gestellt. In unserem Innern brodelt es. Unsere Träume machen uns Angst. Wir spüren, dass etwas in uns nicht mehr stimmig ist und wir uns im Beruf oder in unseren Beziehungen oder in beidem nicht mehr zu Hause fühlen.

In der Bibelgeschichte schreien die Jünger vor Angst auf, als Jesus auf sie zukommt. Sie meinen, er sei ein Gespenst, das über das Wasser schreitet. Gott erscheint uns in der Krise der Lebensmitte oft als etwas Fremdes, vielleicht auch, weil wir den Kontakt zu ihm verloren haben. Wenn er nun in unser Leben tritt, freuen wir uns nicht, sondern wir bekommen Angst vor dem Unbekannten, vor dem, wovon wir zwar eine Ahnung, den wir aber lange Zeit verdrängt hatten. Jetzt meldet er sich zu Wort. Jesus sagt zu den Jüngern: »Habt Vertrauen, ich bin es, fürchtet euch nicht!« (Mk 6,50).

Im Griechischen steht hier ein eigenartiges Wort: *tharseite*. Es hat die Bedeutung: »guten Mutes sein, getrost sein, Vertrauen haben, mutig herangehen«. Platon spricht von »Vertrauen haben« angesichts des Todes. Im Gespräch mit Sokrates, der den Schierlingsbecher trinken soll, kreist das Gespräch darum, dass der, der an die Unsterblichkeit der Seele glaubt, keine Angst vor dem Tod hat, sondern getrost dem Tod entgegengehen kann.

Markus legt dieses Wort Jesus in den Mund. Jesus selbst gibt den Menschen, denen er das Vertrauen zuspricht, den Grund für solches Vertrauen. Er sagt zu ihnen: »*Ego eimi*« – »Ich bin es«. Dieses Wort erinnert an die Offenbarung Gottes am brennenden Dornbusch. Jesus will den Jüngern sagen: In mir begegnet euch Gott selbst. Er handelt durch mich und in mir. Weil in Jesus Gott selbst den Jüngern begegnet, brauchen sie keine Angst zu haben. Jesus vermittelt durch seine Gegenwart den Menschen Vertrauen. Er stärkt ihnen gleichsam den Rücken. Seine Ausstrahlung vertreibt die Angst und bringt die Menschen mit dem Vertrauen in Berührung, das in ihnen ist.

Markus beschließt diese Geschichte mit dem Satz: »Dann stieg er zu ihnen ins Boot und der Wind legte sich. Sie aber waren bestürzt und außer sich« (Mk 6,51). Wenn Jesus in unser Boot einsteigt, dann hört der Gegenwind auf. Doch manchmal verstehen wir das genauso wenig wie die Jünger. Wir reagieren bestürzt und erstaunt. Wir spüren, dass da etwas Wunderbares geschieht, etwas, das größer ist als wir selbst. Dann kommt es darauf an, die Angst zu überwinden und sich dem Wunderbaren anzuvertrauen. So kommen wir zur Ruhe, wenn wir aufhören, um uns zu kreisen, sondern uns stattdessen auf das Wunder der Stille einlassen, die uns auf einmal ergreift.

Wir können diese beiden Geschichten auf dem Hintergrund der Weltsituation lesen. Wir haben das Gefühl, in unruhigen Zeiten zu leben, in denen uns Wirbelstürme durcheinanderbringen. Wir haben uns kaum einer Krise zugewandt, dann kommt die nächste. Wir fühlen uns wie in einem Wirbelsturm. Da tut es gut zu wissen: Wir sind nicht allein. Jesus ist mit in unserem Boot. Wenn wir wie die Jünger in Beziehung zu ihm treten, verliert der Sturm seine angsterregende Wirkung. Dadurch ändert sich die Situation in der Welt erst einmal nicht. Aber in unserem Herzen haben die Stürme von außen keinen Zutritt. Da finden wir mitten im Wirbelsturm dieser unsicheren Zeit innere Ruhe.

In der zweiten Geschichte will uns der heftige Wind auf all das hinweisen, was uns das Leben schwermacht, was unsere Pläne für unser Leben durchkreuzt. Wir spüren Gegenwind, wenn wir versuchen, für unsere Überzeugungen einzustehen und dadurch oft Verleumdungen und Hetze ausgesetzt sind. Wir spüren den Gegenwind, wenn wir uns bemühen, unseren Lebensunterhalt redlich zu verdienen, aber sowohl die Energiepreise als auch die Preise für Lebensmittel und Miete ständig steigen. Wir spüren den Gegenwind, wenn immer neue Krankheiten auftauchen und unsere Gesundheit gefährden. Wenn Jesus in unser Boot steigt, legt sich der Wind. Die Welt und die Herausforderungen, die sie an uns stellt, bleiben die gleichen. Wir können nur darauf vertrauen, dass wir in dem Boot, in dem wir gemeinsam mit Jesus sitzen, den Gegenwind nicht so spüren, dass da in unserer Seele Ruhe und Vertrauen einkehren und wir unsere Bootsfahrt auf dem stürmischen Meer unseres Lebens fortsetzen können.

Im Johannesevangelium benutzt Jesus das Wort *tharseite* an einer wichtigen Stelle: »In der Welt habt ihr Angst. Aber seid getrost, ich habe die Welt überwunden« (Joh 16,33). Das Johannesevangelium scheint sich hier auf Mysterienkulte zu beziehen. In diesen feierte man das Schicksal eines Gottes, der – ähnlich wie Jesus Christus, der Sohn Gottes – scheinbar von den Mächten des Bösen besiegt wird, aber letztlich doch stärker ist. Weil dieser Gott gerettet wurde, haben die Mysten – also die Anhänger dieser Kulte – an seinem Sieg über alle Not teil. Wir Christen haben teil am Sieg Jesu über die Welt. Die Maßstäbe dieser Welt haben keine Macht mehr über uns. Deshalb können wir getrost sein. Es gibt nichts, was unser Sein in Christus letztlich gefährden könnte. Selbst die Wellen, die uns in die Tiefe reißen möchten, können uns das Vertrauen nicht nehmen. Denn inmitten der Bedrängnisse dieser Welt steht Christus neben uns als der, der uns wie Petrus an die Hand nimmt und uns zuruft: »Habe Vertrauen. Habe Mut. Sei getrost. Ich bin bei dir.«

Johannes erzählt in seinem Evangelium ebenfalls eine Vertrauensgeschichte, die mir persönlich in meinem Leben sehr wichtig geworden ist. Immer wenn ich Zweifel hatte, was ich in einem Vortrag sagen oder was ich im Kurs ansprechen sollte, habe ich mir das Wort Jesu zugesprochen: »Steh auf, nimm dein Bett und geh!« Dann habe ich einfach dem Gefühl vertraut, das gerade in mir war. Meine Grübeleien und meine Selbstzweifel habe ich dann unter den Arm genommen und habe das gesagt und getan, was ich spontan in mir gespürt habe.

So möchte ich diese Geschichte auch für Sie, liebe Leserin, lieber Leser, so auslegen, dass sie Ihnen neues Vertrauen schenkt und Sie befreit von Grübeleien darüber, was andere wohl von Ihnen denken könnten. Johannes erzählt uns, dass in den Hallen am Teich von Betesda kranke Menschen lagen, die darauf warteten, in den Teich getragen zu werden, sobald das Wasser aufwallte. Denn davon erwartete man Heilung (Joh 5,1–9). Es sind vier Typen von Menschen, von denen hier die Rede ist, und immer geht es um solche, die kein Selbstwertgefühl haben und von der Angst beherrscht werden:

Da gibt es zunächst die »Gelähmten«. Wir sagen oft: Die Angst lähmt mich, hemmt mich, blockiert mich. Ich habe Hemmungen, ich traue mich nicht, vor anderen meine Meinung zu sagen. Ich habe kein Selbstvertrauen. Dann ist die Rede von den Blinden. Sie stehen hier als Bild für Menschen, die Angst haben vor ihrer eigenen Wahrheit, vor den blinden Flecken, die sie vor anderen verbergen möchten. Sie leben aber immer in der Angst, sie könnten entdeckt werden. Dann spricht

Johannes von den Verkrüppelten. Sie stehen für Menschen, die voller Angst sind, den Erwartungen anderer nicht zu genügen, in ihrem körperlichen Aussehen und auch in ihrer psychischen Verfassung. Sie vergleichen sich ständig. Doch sie haben immer das Gefühl, dass sie nicht so gut und so erfolgreich sind wie andere. Sie leben in der Angst, den Vergleich mit anderen nicht bestehen zu können.

Dann erzählt Johannes von einem Mann, der schon seit 38 Jahren krank ist. Er bezieht sich mit dieser Zahl auf den Auszug der Israeliten aus Ägypten: Im Alten Testament wird erzählt, dass die Israeliten eigentlich nach zwei Jahren an ihrem Ziel waren. Doch als die Kundschafter das Gelobte Land näher ins Auge fassten, glaubten sie, dass es dort gefährlich wäre und die Menschen, die dort lebten, unbezwingbar seien. Gott bestrafte sie daraufhin, sodass sie weitere 38 Jahre durch die Wüste irren mussten, bis alle waffenfähigen Männer gestorben waren (vgl. Dtn 2,14). Der Mann, der seit 38 Jahren krank ist, hat also keine Waffen mehr, er kann sich nicht abgrenzen. Er bezieht alles auf sich. Wenn zwei miteinander reden, hat er den Eindruck, sie würden über ihn reden. Wenn zwei miteinander lachen, lachen sie sicher über ihn. Wenn er vom Leid eines anderen hört, dann zieht es ihn völlig nach unten. Er kann nicht mehr schlafen, weil das Leid des anderen ihn völlig beherrscht. Er ist unfähig, sich davon zu distanzieren. Wer sich nicht abgrenzen kann, kann kein gutes Selbstwertgefühl entwickeln. Er hat ständig Angst, dass die anderen ihn ablehnen oder für verrückt halten, oder aber, dass das Leid der anderen ihm den Grund unter den Füßen wegzieht.

Diesen Mann, der kein Selbstwertgefühl hat und voller Angst vor den Blicken und Worten der anderen lebt, heilt Jesus in vier Schritten. Der erste Schritt: Er sieht ihn an, schenkt ihm Ansehen, Wertschätzung. Der zweite Schritt: Er versteht ihn. Wer sich von einem anderen verstanden fühlt, kann zu sich stehen, kann für sich einstehen. Der dritte Schritt: Jesus fragt ihn: »Willst du gesund werden?« (Joh 5,6). Ich kann kein Vertrauen gewinnen, ohne mein eigenes Zutun. Jesus ist nicht der Zauberer, der mir von außen her Selbstvertrauen schenkt. Vielmehr fordert er mich auf, das zu tun, was in meiner Hand liegt, mich auf die Begegnung mit ihm einzulassen und in der Begegnung mit Jesus mir selbst und meiner Wahrheit zu begegnen. Doch auf die Frage Jesu antwortet der Kranke ausweichend: »Ich habe ja keinen Menschen. Keiner hat Zeit für mich, keiner redet mit mir, keiner versteht mich. Die anderen haben es besser, sie kommen schneller an den Teich, um gesund zu werden.« Der Kranke bleibt also in der Opferrolle. Er kann nichts dafür, dass er kein Selbstvertrauen hat. Doch Jesus fordert ihn heraus, aus seiner Opferrolle auszusteigen, indem er ihm befiehlt: »Steh auf, nimm dein Bett und geh!« (Joh 5,8).

Wir würden alle gerne aufstehen, wenn wir wüssten: Ab jetzt habe ich Selbstvertrauen, ab jetzt habe ich keine Angst mehr, keine Zweifel mehr an mir selbst. Doch Jesus fordert den Kranken auf, mitten aus seiner Schwäche heraus aufzustehen und sein Bett unter den Arm zu nehmen. Das Bett steht für die Zweifel, für die Unsicherheit, für die Hemmungen, für das mangelnde Selbstwertgefühl, für die eigenen Schwächen. Jesus sagt zum Kranken, er solle nicht warten, bis er gesund ist und alle seine Schwächen los ist. Vielmehr soll er sich von seinen Schwächen nicht ans Bett fesseln lassen, sondern es unter den Arm nehmen und seinen Weg gehen. Das ist für mich eine sehr realistische Möglichkeit, Vertrauen zu entwickeln: Wir dürfen nicht warten, bis wir keine Selbstzweifel mehr haben, bis wir ohne Angst sind. Vielmehr sollen wir mit dem Bett unsere Selbstzweifel und Ängste unter den Arm nehmen und damit unseren Weg gehen. Dann hindern uns unsere Schwächen nicht mehr am Leben, sondern wächst in uns das Selbstvertrauen. Wahres Selbstvertrauen bedeutet nicht, dass wir frei sind von allem Misstrauen, sondern dass wir das Misstrauen sozusagen unter den Arm nehmen und mit ihm unseren Weg gehen. Dann hat es keine Macht mehr über uns. Dann wächst in uns mit jedem Schritt das Vertrauen: Ich darf so sein, wie ich bin. Das Bett – meine Zweifel und mein Mangel an Selbstvertrauen – darf sein. Aber bin nicht daran gefesselt, sondern trage es in aller Freiheit mit mir herum. Ich traue mich, mit meinem Bett unter dem Arm vor die Menschen zu treten und zu mir zu stehen, so wie ich bin.

Neben den Geschichten, in denen es um Vertrauen geht, gibt es zahlreiche Bibelstellen, in denen Menschen dazu aufgefordert werden, auf Gott zu vertrauen. Und immer wieder wird die Wirkung des Gottvertrauens auf den Menschen beschrieben. In Psalm 2 werden die glücklich gepriesen, die auf Gott vertrauen (Ps 2,12). Das Vertrauen auf Gott ist also die Bedingung für ein glückliches Leben. Wer auf den Herrn vertraut, der wird nicht wanken (Ps 26,1). Und wer auf den Herrn vertraut, den wird die Liebe Gottes umgeben wie ein schützender Mantel (Ps 32,10). Wer auf Gott vertraut, der braucht sich nicht zu fürchten (Ps 56,5). Wer auf den Herrn vertraut, steht fest »wie der Zionsberg« (Ps 125,1). Das Vertrauen auf Gott verleiht uns Standfestigkeit. Dann fallen wir nicht gleich um, wenn jemand eine andere Meinung äußert. Zudem verleiht es uns in diesen unsicheren Zeiten einen festen Grund, auf dem wir stehen können, ohne zu wanken. Im Buch der Weisheit ist noch eine weitere Wirkung des Vertrauens beschrieben: »Alle, die auf ihn vertrauen, werden die Wahrheit erkennen« (Weish 3,9). Ohne Vertrauen sehen wir die Welt nicht so, wie sie ist. Das Vertrauen öffnet uns die Augen, um hinter allen Schleiern die wahre Wirklichkeit dieser Welt zu erkennen. Dann werden wir verstehen, dass hinter all dem Bösen, das wir wahrnehmen, die Sehnsucht nach dem Guten, die Sehnsucht nach erfülltem Leben steht.

Viele werden auf diese Aussagen der Bibel antworten: »Das klingt ja schön, aber ich habe kein Gottvertrauen.« Dagegen kann ich nicht einfach sagen: »Du musst dich einfach nur für das Vertrauen auf Gott entscheiden.« Denn mit dem Willen allein kann man Vertrauen nicht bewirken. Aber auch hier wäre die Kunst der kleinen Schritte hilfreich. Darauf bezogen bestünde sie in der sogenannten antirrhetischen Methode, die Evagrius Ponticus im 4. Jahrhundert in seinem Werk »Die große Widerrede« beschrieben hat. Gemeint ist damit: Ich spreche ein biblisches Wort des Vertrauens in mein fehlendes Gottvertrauen hinein. Ich kann mir in einer solchen Situation des Zweifels zum Beispiel sagen: »Die auf den Herrn vertrauen, sind wie der Zionsberg: niemals wankt er, er bleibt auf ewig!« (Ps 125,1). Vielleicht ahne ich dann etwas von dem Vertrauen, das mir festen Halt verleiht.

Oder ich kann mir den ersten Vers aus Psalm 23 zusprechen: »Der Herr ist mein Hirt, nichts kann mir fehlen.« Ich muss gar nicht an diese Worte glauben. Aber ich versuche mir vorzustellen: Wenn dieses Wort stimmt, wie erlebe ich mich dann, wie fühle ich mich, wenn mich jemand kritisiert oder wenn ich Angst habe vor einem Gespräch? Die Worte, die ich mir zuspreche, können mein Vertrauen stärken.

Ein weiterer Vers wäre: »Muss ich auch gehen in finsterer Schlucht, ich fürchte kein Unheil. Du bist ja bei mir« (Ps 23,4). Dann verliert sich vielleicht die Angst vor dem heutigen Tag, vor der Reise, vor der Belastung durch eine existenzielle Krise.

Es sind nicht nur einfach Sätze, sondern es sind biblische Worte, von denen wir glauben, dass Gott selbst sie uns geschenkt hat. Sie bewirken in uns etwas. Gott selbst sagt von seinem Wort: »Wie Regen und Schnee vom Himmel fallen und nicht zurückkehren, ohne die Erde zu tränken, um sie fruchtbar zu machen und sprossen zu lassen, dass sie dem Sämann Same gebe und Brot den Essenden, so wird es auch mit meinem Wort sein, das aus meinem Mund hervorgeht: Es kehrt nicht leer zu mir zurück, ohne gewirkt zu haben, was mein Wille ist, ohne vollbracht zu haben, wozu ich es sandte« (Jes 55,10f). So dürfen wir darauf vertrauen, dass dieses Wort Gottes, das wir in unsere Angst, in unsere Zweifel, in unsere Bedrängnis hineinsprechen, nicht ohne Wirkung bleibt und in uns Vertrauen erzeugt – Vertrauen auf Gott, aber auch Vertrauen in das Leben.

Die Bibel verbindet das Vertrauen oft mit Hoffnung. So definiert der Hebräerbrief den Glauben: »Glaube aber ist: Feststehen in dem, was man erhofft« (Hebr 11,1). Vertrauen hat hier wieder mit einem festen Stand zu tun. Der Grund, auf dem wir fest stehen, ist das, was wir erhoffen. Vertrauen ins Leben hat immer mit Hoffnung zu tun. Wir hoffen, dass der jetzige Zustand der Welt nicht ewig anhält, dass der Krieg sich in Frieden verwandelt, dass wir unsere Erde doch noch retten. Wir hoffen, dass wir gesund durchs Leben gehen können. Und wir hoffen über unser diesseitiges Leben hinaus, dass es in ein ewiges Leben einmünden wird, in dem all das, was wir hier ersehnen, erfüllt wird. Vertrauen und Hoffen gehören eng zusammen. Vertrauen bedeutet nicht, dass alles so bleiben soll, wie es ist. Manchmal möchten wir am Vertrauten festhalten. Doch das Festhalten ist das Gegenteil von Vertrauen. Vertrauen deutet immer auch in die Zukunft.

Das hat Ernst Bloch eindrucksvoll in seinem Buch »Das Prinzip Hoffnung« dargestellt. Er sieht das Wesen der Religion im Überschreiten der Wirklichkeit, wie sie sich unseren Augen anbietet. Dieses Überschreiten der Wirklichkeit nennt er Hoffnung. Hoffnung ist für ihn die Kraft, die die Welt vorantreibt, die sie auf eine bessere Zukunft hin öffnet. Hoffnung zielt bei Bloch letztlich auf Heimat. Doch Heimat ist für Bloch nichts Rückwärtsgewandtes, vielmehr das, was jedem in die Kindheit scheint und worin noch niemand war. Heimat ist für Bloch auch das, was uns die Religion zu geben vermag: »Wunschinhalt der Religion bleibt Wohnlichkeit im Geheimnis des Daseins.« In der deutschen Sprache haben die Wörter »Heimat« und »Geheimnis« gemeinsame Wurzeln. Zu Hause sein kann man nur, wo das Geheimnis wohnt. So vermittelt uns die Religion, dass wir in dieser Welt daheim sind, weil sie im Geheimnis Gottes gründet. Wir sind immer in der Spannung, diese Welt als Fremde zu erleben, in der wir nur Gäste und Fremdlinge sind, wie der Hebräerbrief sagt (Hebr 11,13), und zugleich diese Welt als unsere Heimat zu sehen, die uns auf die ewige Heimat hinweist, auf die hin wir unterwegs sind. Der Hebräerbrief drückt das so aus: »Mit diesen Worten geben sie zu erkennen, dass sie eine Heimat suchen. Hätten sie dabei an die Heimat gedacht, aus der sie weggezogen waren, so wäre ihnen Zeit geblieben, zurückzukehren; nun aber streben sie nach einer besseren Heimat, nämlich der himmlischen« (Hebr 11,14f). Diese Spannung lässt uns in dieser Welt voller Hoffnung leben. Wir dürfen darauf hoffen, dass wir diese Welt immer wieder als Heimat erleben, in der Menschen in Frieden miteinander leben und zugleich offen sind für die Transzendenz, für das Geheimnis, und dass uns eine ewige Heimat erwartet, die all die Sehnsüchte erfüllt, die wir in dieser Welt in uns spüren. Die Sehnsucht nach dem Ewigen befähigt uns, hier das Zeitliche zu gestalten und diese Welt wohnlicher zu machen. Die Hoffnung auf das ewige Leben ist keine Flucht in ein Jenseits, sondern ermöglicht es uns, hier und jetzt dem Leben zu vertrauen und aus diesem Vertrauen heraus mit Energie und zugleich mit Gelassenheit daran zu arbeiten, dass diese Welt jetzt schon hoffnungsvoller und menschlicher wird.

Den Blick für das Gute schärfen

Wir alle sehnen uns danach, dem Leben vertrauen zu können. Aber es ist nicht selbstverständlich, dass uns das gelingt. Wir sind abhängig von unserer Lebensgeschichte, in der wir manchmal nicht genügend Vertrauen erfahren und gelernt haben oder in der uns tiefe Verletzungen das Vertrauen zerstört haben. Wir wurden von anderen enttäuscht, eine Krankheit hat uns das Vertrauen in unseren Körper geraubt. Ein Unfall, an dem wir beteiligt waren, verunsichert uns, wenn wir Auto fahren. Der Verlust der Arbeitsstelle stellt unser Vertrauen in Frage.

Der Psalmist im Alten Testament kennt solche Erfahrungen. Es ist nicht der Feind, der gegen ihn auftritt und ihn verleumdet. Dagegen könnte er sich wehren: »Nun aber bist du es, ein Mensch meines Standes, mein Freund und mein Vertrauter. Wir haben doch unsre Gemeinschaft genossen, wir gingen im Hause Gottes umher in wogender Menge« (Ps 55,14f).

Solche Erfahrungen machen wir auch heute. Dann ist es nicht so einfach, wieder Vertrauen zu lernen, nicht nur zu den Menschen, sondern auch grundsätzlich ins Leben. Wir können Erfahrungen von Vertrauensbruch nicht verdrängen. Aber wir sollten uns von diesen Erlebnissen nicht das Vertrauen rauben lassen. Es gibt immer Wege, es wieder neu zu gewinnen.

Zum Beispiel, indem wir bei all den Gefährdungen von außen und bei allen Verletzungen in Berührung kommen mit dem heiligen Raum in uns, in dem wir ganz wir selbst sind. Das ursprüngliche und unverfälschte Selbst, das wir in diesem heiligen Raum spüren, kann von niemandem verletzt oder verunsichert werden. Wenn wir mit unserem ursprünglichen Bild in Berührung sind, werden wir durch einen Vertrauensverlust nicht aus der Bahn geworfen.

Ein wichtiger Weg, Vertrauen ins Leben (zurück) zu gewinnen, besteht darin, dass wir auf das Gute schauen, das wir in unserem Leben, aber auch in der Welt sehen. Wir dürfen uns von den Medien nicht beirren lassen. Denn sie folgen dem Motto, dass schlechte Nachrichten gut sind für den Verkauf. Daher zeigen sie uns kein objektives Bild der Wirklichkeit. Wir sollten selbst unsere Augen öffnen und das Gute in unserem eigenen Leben sehen, bei anderen Menschen, auf deren Hilfe wir angewiesen sind, bei jenen, denen wir jeden Tag begegnen. Es braucht nur eine andere Brille, dann werden wir überall und in allen Menschen auch das Gute erkennen, ohne die Augen vor dem Negativen zu verschließen, das natürlich auch in unserer Welt ist. Aber wie uns die Soziologen immer wieder bestätigen: Das Gute überwiegt das Böse, die Solidarität überwiegt den Egoismus.

Das Vertrauen ins Leben und das Vertrauen in die Menschen lernen wir durch die Kunst der kleinen Schritte. Wir können nicht einfach beschließen, dass wir den Menschen und dem Leben vertrauen wollen. Aber es kann helfen, den Blick auf das Konkrete unseres Alltags zu richten und nicht ständig auf alles Unheil dieser Welt zu starren. Die Kunst der kleinen Schritte, die uns Papst Johannes XXIII. gelehrt hat, kann uns das Vertrauen zurückbringen. Wir vertrauen heute, wir vertrauen jetzt dem Menschen, mit dem wir sprechen. Wir vertrauen jetzt, dass uns Gott auf dieser Autofahrt schützt und uns gesund wieder heimkommen lässt. Und wir vertrauen heute darauf, dass das, was wir anpacken, für uns und für andere zum Segen wird.

So wünsche ich Ihnen, liebe Leserin und lieber Leser, dass Sie in dieser unsicheren Situation in unserer Welt wieder Vertrauen ins Leben lernen. Ich wünsche Ihnen, dass Sie die Perspektive wechseln, mit der Sie heute auf die Welt schauen, dass Sie nicht fixiert bleiben auf all die negativen Botschaften, sondern auch das Gute sehen, das heute von vielen Menschen ausgeht, die sich für eine versöhnte Gesellschaft, für einen guten Umgang mit der Schöpfung engagieren.

Und ich wünsche Ihnen, dass Sie mit den Ressourcen in Berührung kommen, die Sie in sich spüren, mit der spirituellen Quelle, die nie versiegt, weil sie aus Gott heraus in Ihnen sprudelt.

Zuletzt wünsche ich Ihnen, dass Sie die kleinen Schritte des Vertrauens gehen, die uns Papst Johannes XXIII. gelehrt hat. Dann werden Sie erfahren, dass Vertrauen zu haben Ihnen guttut, dass das Vertrauen Ihre Gesundheit fördert, Ihr Wohlbefinden stärkt und Sie mit hoffnungsvollen Augen in die Welt blicken lässt. Und Sie werden erkennen, dass Sie mit Ihrem Vertrauen auch die Menschen in ihrer Umgebung anstecken und dass Sie durch Ihr Vertrauen diese Welt vertrauenswürdiger machen.

Literatur

Apophthegmata Patrum (Teil I): Das Alphabetikon – Die alphabetisch-anonyme Reihe (Weisungen der Väter, Bd. 14), übersetzt und kommentiert von Erich Schweitzer, Beuron, 2. Aufl. 2020.

Bucher, Anton A.: Verbundenheit. Über eines der tiefsten menschlichen Bedürfnisse, Münster 2022.

Evagrius Ponticus: Die große Wiederrede. Antirrhetikos (Quellen der Spiritualität, Bd. 1), übersetzt von Leo Trunk, mit einer Einführung von Anselm Grün und Fidelis Ruppert, Münsterschwarzach, 6. Aufl. 2022.

Haberl, Tobias: Unter Heiden, Süddeutsche Zeitung Magazin vom 31.3.2023, S. 12–16.

Papst Johannes XXIII.: Geistliches Tagebuch, Freiburg im Breisgau 1964.

Theissen, Gerd: Glauben als unbedingtes Vertrauen. Theologische Aspekte, in: Karlheinz Sonntag (Hg.), Vertrauen. Studium Generale Ruprecht-Karls-Universität Heidelberg, Heidelberg 2011, S. 9–39.

Schnabel, Ulrich: Zusammen. Wie wir mit Gemeinsinn globale Krisen bewältigen, Berlin 2022.

Schreiber, Constantin: Glück kann man trainieren. Der Tagesschau-Sprecher Constantin Schreiber erzählt, wie man sich in diesen Tagen gegen schlechte Nachrichten wappnen kann, in: Die Zeit vom 30.3.2023.

In dieser Ausstattung sind
von Anselm Grün
erschienen:

Vom Glück der kleinen Dinge

126 Seiten • ISBN 978-3-7365-0133-1

Du bist ein Segen

125 Seiten • ISBN 978-3-7365-0404-2

Von der Kunst, allein zu sein

139 Seiten • ISBN 978-3-7365-0486-8

Vertraue dem Leben

140 Seiten • ISBN 978-3-7365-0517-9

Bibliografische Information der Deutschen Nationalbibliothek

Die Deutsche Nationalbibliothek verzeichnet diese Publikation in der Deutschen Nationalbibliografie. Detaillierte bibliografische Daten sind im Internet über http://dnb.d-nb.de abrufbar.

Ohne Folie
Für unsere Umwelt

MIX
Papier | Fördert gute Waldnutzung
FSC® C014889

in Deutschland produziert

2. Auflage 2024

Lektorat: Marlene Fritsch
Satz: Matthias E. Gahr
Umschlaggestaltung: Chandima Soysa, Stuttgart
Umschlagmotiv: Val_Iva/shutterstock.com
Druck und Bindung: Pustet, Regensburg
ISBN 978-3-7365-0517-9

www.vier-tuerme-verlag.de